اعتلای زن و انقلاب آفریقا

نوشتهٔ
توماس سانکارا

ترجمهٔ
شهره ایزدی

نشر طلایهٔ پرسو
تهران، ۱۳۷۷

این اثر ترجمه‌ای است از:

Women's Liberation
and the African Freedom Struggle
by: Thomas Sankara
Pathfinder Press, 1990
ISBN 0-87348-585-8

اعتلای زن و انقلاب آفریقا

نوشتهٔ: توماس سانکارا

ترجمهٔ: شهره ایزدی

ناشر: نشر طلایه پُرسو

تیراژ: ۲۰۰۰

نوبت چاپ: اول/۱۳۷۷

حروف چینی: طلایه پُرسو

آماده‌سازی چاپ: شرکت قلم

چاپ: چاپخانه جدیت

آدرس ناشر: تهران، صندوق پستی ۱۱۹۷-۱۳۱۸۵

شرح روی جلد: رژهٔ زنان بورکینافاسو در چهارم اوت ۱۹۸۵ به مناسبت دومین
سالگرد پیروزی انقلاب آن کشور. (عکس از هفته‌نامهٔ میلیتانت)

ISBN 964-90458-0-5   ۹۶۴-۹۰۴۵۸-۰-۵ شابک

۳۵۰۰ ریال

پیش‌گفتار مترجم

کتابی که در دست دارید شامل چهار قسمت است. دو قسمت اول و دوم، انقلاب آزادیبخش کشور آفریقایی بورکینا فاسو و نقش توماس سانکارا رهبر مرکزی آن را تشریح می‌کند. قسمت سوم ترجمهٔ سخنرانی توماس سانکارا در میان جمع کثیری از زنان آن کشور است که نتایج و چشم‌انداز شرکت زنان در صفوف انقلاب را در بر می‌گیرد. قسمت آخر بخشی از «نطق جهت‌گیری سیاسی» است که موضع رسمی رهبری این انقلاب دربارهٔ نقش اجتماعی زنان را بر می‌شمارد.

آنچه بدین کتاب اهمیت ویژه‌ای می‌بخشد و آن را از نوشته‌های دیگر در زمینهٔ موقعیت زن در جامعه متمایز می‌سازد، فضایی است که اندیشهٔ طرح شده در آن نزج می‌گیرد. این کتاب تجارب انقلابی را بیان می‌کند که صفحهٔ جدیدی در تاریخ مبارزات مردم آفریقا گشود.

با وجود گذشت ده سال از کودتایی که منجر به قتل سانکارا و سقوط دولت انقلابی او شد، خاطرهٔ آن انقلاب و رهبریش در کشور بورکینافاسو و سایر کشورهای آفریقا زنده است. و درسهائی از آن، ارزش جهانی پیدا کرده است.

کتاب حاضر ترجمهٔ کتاب «مبارزات آزادیبخش آفریقا و اعتلای زنان» است و از روی متن انگلیسی به فارسی ترجمه شده‌است. انتشارات پاث فایندر دیگر سخنرانی‌های توماس سانکارا را نیز به زبان‌های فرانسه و انگلیسی در کتاب دیگری تحت عنوان «توماس سانکارا سخن می‌گوید» منتشر کرده است.

شهره ایزدی

تهران - ۱۳۷۷

فهرست

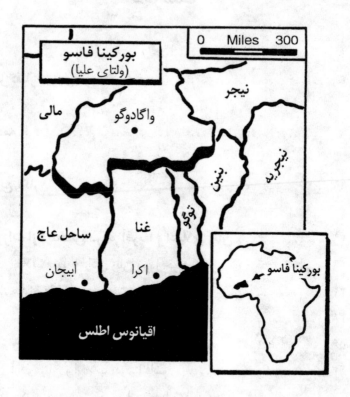

موقعیت جغرافیایی کشور بورکینا فاسو در قارۀ آفریقا

اعتلای زن و انقلاب آفریقا

نشر طلایه پُرسو

مقدمه

توماس سانکارا[1] رییس جمهور کشور بورکینافاسو - که در غرب آفریقا واقع است - در سن ۳۷ سالگی در یک کودتای نظامی به قتل رسید. سرهنگ بلیز کامپائوره[2] این کودتای ضدانقلابی را رهبری کرد. علاوه بر سانکارا، دوازده تن از یاران نزدیکش به قتل رسیدند. بدین ترتیب، حکومتی انقلابی، که چهار سال پیش از آن در چهارم اوت ۱۹۸۳ متولد شده بود، نابود گشت.

هدف از انتشار این جزوه، انتشار بخشی از میراث انقلابی بازمانده از سانکاراست تا آنان که در اقصی نقاط جهان به زندگی الهام‌بخش او چشم دوخته بودند با مشی انقلابیی که دنبال می‌کرد، و جانش را در راه آن فداکرد، آشنا شوند.

سانکارا در سال ۱۹۷۰، در سن ۲۰ سالگی، کشورش را که در آن زمان ولتای علیا نامیده می‌شد ترک کرد تا در دانشکدهٔ افسری شهر ماداگاسکار علوم نظامی بخواند. او در دوران تحصیل در این شهر با عقاید گوناگونی آشنایی پیداکرد و از رویدادهای مختلف جهان مطلع شد. در ماه مه ۱۹۷۲ شاهد جنبشی بود که طی آن دهها هزار کارگر و دانشجو به خیابان‌های ماداگاسکار ریختند و حکومت وقت را سرنگون کردند. سانکارا سپس چند

1- Thomas Sankara

2- Capt. Blaise Compaoré

سالی را در پاریس بسر برد و در آنجا با طیف گوناگونی از عقاید آشنا شد.

پس از بازگشت به ولتای علیا، در جنگی که در سال ۱۹۷۴ میان این کشور و مالی[1] بر سر تعیین خطوط مرزی درگرفت فعالانه شرکت کرد و به چهره‌ای شناخته شده در سطح ملی تبدیل گشت. رسانه‌های گروهی از او تصویر یک قهرمان ملی ساختند؛ گرچه خودش بعدها این جنگ را «بی‌فایده و غیرعادلانه» توصیف کرد.

در اوایل سال ۱۹۸۳ حکومتی نظامی در ولتای علیا شکل گرفت که جین بابتیست اودرائوگو[2] رییس آن بود و سانکارا را به سِمَتِ نخست وزیری برگزید.

سانکارا از موقعیت شغلی خود استفاده و بیانیه‌های ضدامپریالیستی قاطعی صادر و مردم ولتای علیا را به خود سازماندهی و دفاع از حقوق خود در مقابل متموّلان داخلی و خارجی تشویق کرد. او و سایر افسران جوان که عقایدی رادیکال داشتند بتدریج رو در روی آندسته از نیروهای حکومتی که طرفدار امپریالیسم بودند قرار گرفتند. نتیجتاً، سانکارا در ۱۷ مه ۱۹۸۳ از سِمَتِ نخست وزیری عزل و به دست همان نیروهای دست راستی زندانی شد.

هنوز چند صباحی از ماجرای زندانی شدن سانکارا نگذشته بود که هزاران تن از جوانان به خیابان‌ها ریختند و خواستار آزادی وی شدند. برخی از مدافعین وی به منطقهٔ پو[3]، نزدیک مرز جنوبی گینه، رفتند و در اردوی سرهنگ بلیز کامپائوره، که علیه دولت می‌جنگید، تعلیمات نظامی دیدند. در چهارم اوت ۱۹۸۳ مخالفین حکومت وقت موفق شدند به بن‌بست نظامی موجود خاتمه دهند، سانکارا را که در منزلش زندانی بود آزاد کنند، و رژیم

1- Mali
2- Jean - Baptiste Ouédraogo
3- Pô

اودرائوگو را سرنگون سازند. سانکارا به ریاست شورای ملی انقلاب، که نهادی تازه تولد یافته بود، برگزیده شد. صبح روز بعد، هزاران نفر به جشن و پایکوبی در خیابان‌ها پرداختند.

جهان، عمدتاً با بی‌توجهی از کنار واقعهٔ ۴ اوت ۱۹۸۳ ولتای علیا گذشت. حتی آنان که از تغییر و تحولات این کشور آگاه شدند، این رخداد را صرفاً یکی دیگر از کودتاهای نظامیی برشمردند که در طی ۱۷ سال قبل از آن بارها تکرار شده بود. توماس سانکارا در تمامی جهان، بغیر از غرب آفریقا، کاملاً ناشناخته بود.

اما، در طول همان سال اول، بتدریج مشی سیاسی دولت جدید تحت رهبری سانکارا خود را بروز داد، علاقمندان اندیشه‌های انقلابی در سرتاسر جهان متوجه تحولات این کشور شدند و رویدادهای آن را کم‌کم دنبال کردند. واضح بود که انقلابی عمیق در یکی از فقیرترین کشورهای جهان در حال شکل گرفتن است.

ولتای علیا، که تا سال ۱۹۶۰ رسماً مستعمرهٔ فرانسه بود، داغ سلطهٔ امپریالیسم مدرن را بر پیشانی داشت. سلطهٔ امپریالیسم مدرن، با شیوه‌های ماقبل سرمایه‌داری دراین کشور درهم آمیخت و ملغمهٔ ویژه‌ای تولید کرد. میزان مرگ و میر کودکان در سال ۱۹۸۱ در حدود ۲۰۸ در هزار بود - یعنی بالاترین حد موجود در جهان - ۹۲ درصد کل جمعیت بیسواد بودند و میزان بیسوادی در روستاها به ۹۸ درصد می‌رسید؛ بیش از ۶۰ تیرهٔ مختلف قومی، عشیرتی و زبانی در این کشور می‌زیستند؛ متوسط درآمد سالانه ۱۵۰ دلار بود؛ و به ازای هر ۵۰۰۰۰ نفر تنها یک پزشک در دسترس بود.

در آستانهٔ انقلاب، ۹۰ درصد از جمعیتِ ۷ میلیونی ولتای علیا ساکن روستاها بودند. علاوه بر پرداخت مالیات سرانه، که همگام با سلطهٔ استعمار

رواج یافته بود، دهقانان مجبور بودند برای ارباب بیگاری کنند. فقط ۱۰ درصد از دهقانان قادر بودند از گاوآهن برای شخم زدن استفاده کنند. ابزار کار مابقی دهقانان بسیار ابتدایی بود و با دست شخم می‌زدند. پیشروی بدون وقفهٔ صحرای آفریقا به سمت جنوب ـ که یکی از ثمرات شیوه‌های اقتصادی و تجاری تحمیل شده از جانب امپریالیست‌هاست ـ باعث شده بود که خشکسالی و قحطی از دههٔ ۱۹۷۰ سرتاسر این کشور را فراگیرد.

زنان روستایی برای تأمین آب آشامیدنی مجبور بودند مسافتی در حدود ۱۵ کیلومتر را پای پیاده طی کنند تا به نزدیک‌ترین چاه برسند. بسیاری از زنان از اعمال ستمگرانه‌ای نظیر ازدواج تحمیلی، قیمت‌گذاری برای عروس و ختنهٔ اناث رنج می‌بردند که قدمت آن به اعصار بسیار دوری باز می‌گشت.

در سواحل رودخانه‌ها مناطق سرسبز محدودی یافت می‌شد که متأسفانه ساکنان آن نیز از مرضی رنج می‌بردند که کوری رودخانه[1] نام داشت. این مرض را مگس‌های سیاه از طریق پخش نوعی کرم در آب رودخانه‌ها پخش می‌کردند. نتیجتاً مبتلایان در سنین میانی کور می‌شدند. بدین ترتیب جمعیت زیادی مجبور به ترک مناطق محدود سرسبز شدند.

تعداد کارگران در ولتای علیا بسیار کم بود ـ در حدود ۲۰۰۰۰ نفر ـ که در کارخانه‌های کوچک و کارگاه‌های صنایع دستی مشغول کار بودند. حتی کارخانه‌های مدرنی که ابعاد متوسط دارند نیز در این کشور وجود نداشتند، بجز چند کارخانهٔ ریسندگی پنبه و پارچه‌بافی، یک کارخانهٔ مونتاژ دوچرخه، یک کارخانهٔ قند، یک کارخانهٔ تولید صابون، و معدودی از کارخانه‌های صنایع سبک دیگر. حدود ۱۰۰۰۰ نفر نیز در صنایع ساختمانی،

1- Onchocerciasis

خدمات عمومی و حمل و نقل مشغول بودند. همچنین، در حدود ۴۰۰۰۰ نفر
در سازمان‌های خدمات اجتماعی، آموزش و پرورش و امور دیگر اشتغال
داشتند.

آنچه برای انقلاب به ارث رسیده بود، در فلاکت، استثمار و ستم خلاصه
می‌شد. دولت نوپا و انقلابیِ سانکارا با مشکلات عظیمی مواجه بود. اما، مسیر
مناسب برای حل این معضلات گشوده شده بود. کمیته‌های دفاع از انقلاب به
منظور پیشگیری از شیوع امراض چندین پروژهٔ آبرسانی را با کمک مـردم
اجرا کردند. همچنین برای دفاع از انقلاب، ساخت مدرسه و جاده و ترویج
سوادآموزی به سه زبان اصلی بومی، مردم را بسیج می‌کردند. برای دستیابی به
اهداف پیش گفته، سازمان‌های جوانان، زنان و سالمندان، بنیانگذاری شد.

دهقانان در ازای تولید ارزاق عـمومی بـه پـول بـیشتری دست یـافتند.
پروژه‌های بازسازی جنگل‌ها آغاز شد. مالیات سرانه لغو و بیگاری،دهقانان
در زمین‌های رؤسای روستاها غیرقانونی اعلام شد. زمین ملی اعلام شد تا
دسترنج و ماحصل کار دهقانان به دست خودشان برسد. برای نخستین بار در
تاریخ بورکینافاسو، خدمات اولیه درمانی در دسترس میلیون‌ها نفر گذاشته
شد. میزان فوت نوزادان به شدت کاهش یافت به نحوی که در سـال ۱۹۸۵
مرگ و میر نوزادان به ۱۴۵ در ۱۰۰۰ رسید. پروژهٔ کنترل مرض کوری ناشی
از رودخانه‌ها، با همکاری سازمان ملل، اجرا شد و تا سال ۱۹۸۷ کاملاً تحت
کنترل در آمد.

ساختار طبقاتیِ عقب‌افتادهٔ بورکینافاسو ماهیت ویژه‌ای به انـقلابِ ایـن
کشور بخشید که کاملاً با سایر انقلاب‌های بورژوا دموکراتیک فرق داشت. در
عین حال، این انقلاب با مسئولیت اساسی مواجه بود که همهٔ انقلاب‌ها را شامل
می‌شود: جذب زحمتکشان به مسیر فـعالیت سـیاسی بـرای پـیشبرد مـنافع

خودشان. سانکارا تلاش کرد تا مردم را به سمتی هدایت کند که، در زمینهٔ ایجاد تحولات اجتماعی و سیاسی، ابتکار عمل را خود در دست بگیرند؛ نه اینکه به ابزاری در دست بوروکراسی دولتی و قشر افسران - که نسبت به حیات و مماش آنان بیگانه و بی‌تفاوت است - تبدیل شوند. برغم وجود انبوهی از مشکلات، پیشرفت واقعی حاصل شد.

سانکارا در چهارم اوت ۱۹۸۷ در جشن چهارمین سالگرد پیروزی انقلاب اعلام کرد: «برای ایجاد جامعه‌ای نوین، مردمی نوین لازم است. مردمی که هویت مستقل خود را دارند، می‌دانند چه می‌خواهند، چگونه باید وجود خود را ثابت کنند و درک صحیحی دارند از اینکه چه باید انجام دهند تا اهداف خود را تحقق بخشند. پس از گذشت چند سال از پیروزی انقلاب، مردم ما به نطفهٔ ایجاد چنین ملتی تبدیل شده‌اند. علامت بی‌سابقه و بارز این تحول در میان مردم ما را می‌توان در حضور فعال آنان در فعالیت‌های اجتماعی یافت و اینکه حاضر نیستند به سادگی از مسئولیت‌های اجتمای خود شانه خالی کنند. در مجموع، مردم بورکینافاسو به این باور رسیده‌اند که: آینده‌ای بهتر، دست یافتنی است . . . باید درس‌های اصلی این تجربه را فراگیریم. انقلاب دموکراتیک و مردمی به انسان‌هایی نیاز دارد که به اهداف انقلاب متقاعد شده باشند، نه انسان‌هایی که به این مسیر کشانده شده باشند - مردمی که حقیقتاً به مسیر انقلاب متقاعد شده باشند؛ نه اینکه صرفاً تمکین کرده و منفعلانه به سرنوشت خود تن داده باشند».

مروری بر زندگی سانکارا نشان می‌دهد که تفکر و عملکرد او از بینشی انترناسیونالیستی سرچشمه می‌گرفت؛ بینشی که در عین حال با تعهدش در قبال زحمتکشان بورکینایی گره خورده بود. او در راه دفاع از حقِ در صلح زیستنِ مردم نیکاراگوئه؛ قطع کلیه روابط با رژیم آپارتاید آفریقای جنوبی؛ لغو

بدهکاری جهان سوم به بانک‌ها و کشورهای امپریالیستی؛ اعطای کمک‌های عملی به جنبش‌های آزادیبخش ملی نظیر کنگره ملی آفریقا، جبههٔ آزادیبخش پولیسارو صحرای غربی، سازمان آزادیبخش فلسطین، جبهه آزادیبخش سوسیالیست کاناک[1] در کالدونیای جدید؛ مبارزه کرد. او کمک کرد تا میان بورکینافاسو و کشور همسایه‌اش گینه رابطهٔ نزدیکی برقرار شود. کشور گینه نیز همانند بورکینا با مخاصمت واشنگتن، لندن، پاریس و صندوق بین‌المللی پول[2] مواجه شده بود.

سانکارا علناً احساسات تحسین‌آمیز خود را نسبت به انقلاب کوبا و رهبری کمونیستش ابراز می‌کرد و در چهار سال عمر انقلاب بورکینا، دوبار از کوبا دیدن کرد. دولت کوبا در سال ۱۹۸۴ مدال افتخار حوزه مارتی را به سانکارا اعطاء کرد. در جشنی که بدین منظور برپا شده بود، آرماندو هارت، عضو دفتر سیاسی حزب کمونیست کوبا، چنین اظهار داشت: «انقلاب ما این مدال را تحت شرایط ویژه‌ای تقدیم می‌کند. این مدال تمثیلی است برای ابراز قدرشناسی محقانه‌ای از آنان که خدمات برجسته‌ای برای مردم خود انجام داده‌اند؛ تلاش کرده‌اند که روابط بین‌المللی میان کشورشان با ما عمیق‌تر شود؛ عزت و افتخار آفریده‌اند؛ علیه امپریالیسم و سلطه استعماری و نواستعماری مبارزه کرده‌اند؛ و برای حصول آزادی ملی واقعی کوشیده‌اند. شما، توماس سانکارا، همرزم ما، همهٔ این محاسن را یکجا در وجود خود انباشته‌اید».

سانکارا به منظور ایراد سخنرانی در سازمان ملل متحد در سال ۱۹۸۴ بازدیدی از شهر نیویورک داشت. وی هنگام اقامتش در نیویورک در محلهٔ هارلم چنان سخنرانیی برای سیاهپوستان کرد که حضار را سخت تحت تأثیر

1- Kanak

2- International Monetary Fund

قرار داد. او در هشتم نوامبر ١٩٨٦ به نمایندگی از طرف ١٨٠ هیأت نمایندگی
حاضر در ماناگوئه، مرکز نیکاراگوئه، به مناسبت بیست و پنجمین سالگرد
تأسیس جبههٔ آزادیبخش ساندنیست و دهمین سالمرگ بنیانگزار این جبهه،
کارلوس فونسکا، برای یک جمعیت ٢٠٠٠٠٠ نفره سخنرانی کرد.میلیون‌ها
جوان آفریقایی سانکارا را سمبل مبارزه آشتی‌ناپذیر علیه فساد اخلاقی و
مالی، مظهر دفاع از ستمدیدگان در حرف و عمل، و نشانه‌ای از اعتماد به نفس
و امید انقلابی می‌دانستند. طولی نکشید که آوازهٔ او از اکرا[1] تا حراره را در
برگرفت و محبوب قلوب سازمان‌های جوانان کوبا شد.

هزاران جوان فردای روزی که توماس سانکارا همراه با عده‌ای از
همرزمانش به قتل رسیدند بر سر مزارش،که با عجله و با عمقی اندک اجساد او
و یارانش را در خود جای داده بود،گرد آمدند تا تجسمی زنده از اثرات الهام
بخش زندگی او باشند. بسیاری از این جوانان پلاکاردهای دست نوشته‌ای بر
سرِ مزارش گذاشتند که می‌گفت: «ما همه سانکاراییم»، «خائنان، بزدلانه
سانکارا را کشتند».

یکهفته قبل از مرگش، سانکارا در گردهم‌آیی مردم واگادوگو که به
مناسبت بیستمین سالمرگ یکی از بزرگ‌ترین رهبران کمونیست قرن حاضر،
کوبایی انقلابی ارنستو چه گوارا، برپا شده بود اعلام داشت: «جوانانِ بی‌باک و
تشنهٔ شرف، تشنهٔ شهامت و شجاعت و آرمان‌گرا، جویندهٔ انسانی بودند که به
عنوان سمبلی از زندگی در آفریقا شناخته شده است. لذا به جستجوی چه گوارا
پرداختند تا از این سرچشمه سیراب شوند؛ سرچشمه‌ای جهانی و میراثی
انقلابی. در یک کلام، میراث چه گوارا». توماس سانکارا خود در مکتب این

1- Accra

میراث آموزش دید و با عقایدش آن را پربارتر کرد.

او در اکتبر ۱۹۸۳ در مقابله با تهدیدهایی که متوجه انقلاب بود، اعلام داشت: «اگر امروز سانکارا را بکشید، فردا بیش از بیست سانکارای دیگر بپا خواهند خواست».

داگلاس کوپر

وقایع نگار

۱۹۷۹-۱۹۴۹

۲۱ دسامبر ۱۹۴۹	توماس سانکارا در منطقه یاکو در کشور ولتای علیا متولد می‌شود.
۱۹۵۴	انقلاب مردم ویتنام پیروز و سلطهٔ فرانسه از آن کشور برچیده می‌شود.
۱۱ دسامبر ۱۹۵۸	جمهوری ولتای علیا، که جزیی از ناحیهٔ تحت کنترل فرانسوی‌ها بود، «ایالت خودمختار» اعلام می‌شود - ناحیهٔ فرانسوی‌نشین عمری کوتاه دارد. موریس یامه‌اگو[1] در دسامبر ۱۹۵۹ به ریاست جمهوری انتخاب می‌شود.
۱۹۵۹	انقلاب کوبا پیروز می‌شود.
۵ اوت ۱۹۶۰	ولتای علیا رسماً استقلال خود را بدست می‌آورد و سلطهٔ فرانسه پایان می‌یابد.
۱۹۶۱	پاتریس لومومبا، رهبر جنبش آزادیبخش کنگو، به قتل می‌رسد.

1- Maurice Yaméogo

۱۹۶۲	انقلاب الجزایر پیروز می‌شود.
۱۹۶۵	اولین واحدهای کماندویی آمریکا وارد ویتنام می‌شوند.
۱۹۶۵	چه گوارا به جنبش مبارزان کنگو می‌پیوندد.
۱۹۶۵	حکومت بن‌بلا در الجزایر سرنگون می‌شود و انقلاب آن کشور شکست می‌خورد.
۳ ژانویه ۱۹۶۶	مردم علیه سیاست‌های تضییقاتی دولت در ولتای علیا به خیابان‌ها می‌ریزند. سرگرد ابوبکر سانگوله لامیزانا[۱] در رأس دولت نظامی مستقر می‌شود.
۱۹۶۶	سانکارا وارد مدرسهٔ نظام واگادوگو و در سال ۱۹۶۹ فارغ‌التحصیل می‌شود.
۱۹۶۷	چه گوارا در مبارزه علیه ارتش بولیوی و سازمان سیا، در بولیوی به قتل می‌رسد.
۱۹۶۸	کارگران فرانسه علیه دولت آن کشور اعتصاب عمومی برپامی‌کنند.
۱۹۷۰	سانکارا وارد دانشکده افسری آنتسیرابه[۲] در ماداگاسکار می‌شود.
۱۹۷۲	زمانی که سانکارا در ماداگاسکار تحصیل می‌کرد، در ماه ژانویه دانشجویان پزشکی اعتصاب می‌کنند؛ دهها هزار دانشجو و کارگر به خیابان‌های پایتخت می‌ریزند و در ماه مه حکومت وقت سرنگون می‌شود. سانکارا

1- Lt. Col. Aboubakr Sangoulé Lamizana
2- Antsirabe

برای گذراندن دورهٔ چتربازی به شهر پاو[1] فرانسه اعزام می‌شود.

دسامبر ۱۹۷۴ - ژانویه ۱۹۷۵	اولین جنگ مرزی میان ولتای علیا و کشور مالی به وقوع می‌پیوندد.
۱۹۷۵	انقلاب ویتنام در مبارزه علیه ارتش ایالات متحده پیروز می‌شود.
۱۷ و ۱۸ دسامبر ۱۹۷۵	اعتصاب عمومی دو روزه در ولتای علیا باعث افزایش دستمزد و کاهش مالیات بر درآمد کارگران می‌شود.
۱۹۷۶	توماس سانکارا به ریاست مرکز ملی آموزش کماندوها، که در شهر پو در ولتای علیا واقع است، منصوب می‌شود.
ژانویه ـ مه ۱۹۷۸	سانکارا به شهر رباط مراکش اعزام می‌شود تا دورهٔ آموزش چتربازی ببیند و در آنجا برای اولین بار با بلیز کامپائوره آشنا می‌شود.
۲۴-۳۱ مه ۱۹۷۹	چهار اتحادیه سراسری کارگران برای آزادی فعالین اتحادیه‌های کارگری اعتصاب می‌کند و موفق می‌شود زندانیان را آزاد کند.
۱۹۷۹	انقلاب‌های ایران، نیکاراگوئه و گرانادا پیروز می‌شود.

1- Pau

۱۹۸۰

اول اکتبر - ۲۲ نوامبر	اتحادیه‌های معلمان علیه کاهش قدرت خرید مردم و مخالفت با سرکوب اعضایشان در روزهای ۴ و ۵ نوامبر اعتصاب می‌کند. این حرکت به اعتصاب عمومی تبدیل می‌شود.
۲۵ نوامبر	فرماندهٔ ارتش، سرهنگ سای زربو[1] در یک کودتا ژنرال لامینازا را برکنار می‌کند و در رأس سازمان تازه تأسیس کمیتهٔ نظامی برای پیشرفت ملی[2] قرار می‌گیرد.

۱۹۸۱

۹ سپتامبر	سانکارا عضویت در دولت جدید را نمی‌پذیرد و چون سرهنگ زربو رسماً او را به سمت وزارت اطلاعات منصوب می‌کند، سانکارا با نوشتن نامهٔ سرگشاده‌ای اعتراض می‌کند، اما، بالاخره موقتاً این مسئولیت را می‌پذیرد.

۱۹۸۲

آوریل	کنفدراسیون اتحادیه‌های ولتا[3] اعتصاب سه روزه‌ای در اعتراض به ممنوعیت اعتصاب به راه می‌اندازد.
۱۲ آوریل	سانکارا از سِمَت خود در دولتِ کمیتهٔ نظامی برای

1- Col. Saye Zerbo 2- CMRPN
3- Voltaic Union Confederation (CSV)

پیشرفت ملی استعفا می‌دهد. بلافاصله بازداشت و به شهر دِدوگو[1] اعزام می‌شود تا در دادگاه نظامی محاکمه شود. کمپائورو و هنری زونگو نیز از سِمَت‌هایشان در دولت استعفا می‌دهند و بازداشت می‌شوند.

اول نوامبر دولتِ کمیتهٔ نظامی برای پیشرفت ملی برپایی هرگونه اعتصابی را غیرقانونی اعلام می‌کند.

۷ نوامبر سرهنگ گابریل سومه یوران[2]، علیه حکومت سرهنگ زربو کودتا و آن را سرنگون می‌کند. شورای موقت نجات مردم در ۲۶ نوامبر تشکیل و فرمانده جین-بپتیست اودرائوگو[3] به سمت ریاست جمهوری گمارده می‌شود. سانکارا و سایر افسران جزء گرچه حامی او بودند - از جمله جین-بپتیست لینگانی، کومپائوره و زونگو - اما، از کودتا حمایت نمی‌کنند.

۱۹۸۳

دولت انقلابی موریس بیشاپ در گرانادا به دست بخشی از ارتش آن کشور سرنگون و راه برای دخالت ارتش ایالات متحده هموار می‌شود.

۱۰ ژانویه شورای موقت نجات مردم سانکارا را به سمت نخست وزیری منصوب می‌کند.

۷-۱۲ مارس سانکارا در اجلاس سران کشورهای غیرمتعهد در دهلی‌نو شرکت و با فیدل کاسترو، رییس جمهور کوبا،

1- Dédougou

2- Col. Gabriel Somé Yoran

3- Comdr. Jean-Baptiste Quédraogo

سامورا ماشل[1]، رییس جمهور موزامبیک و موریس بیشاپ[2] نخست وزیر گرانادا، و دیگران ملاقات می‌کند.

۲۶ مارس به دعوت شورای موقت نجات مردم، هزاران نفر در گردهم‌آیی شهر واگادوگو شرکت می‌کنند تا به سخنرانی سانکارا گوش فرا دهند.

۳۰ آوریل معمر قذافی، رهبر لیبی، به بازدید واگادوگو می‌آید.

۱۵ مه سانکارا برای هزاران نفر، که به دعوت شورای موقت نجات مردم در شهر بوبو دیولاسو[3] تجمع کرده بودند، سخنرانی می‌کند.

۱۶ مه گوی‌پن[4]، مشاور میتران - رییس جمهور فرانسه - در امور آفریقا، وارد واگادوگو می‌شود.

۱۷ مه عده‌ای از اعضای شورای موقت نجات مردم، از جمله سرهنگ سومه یوریان و جین بپتیست اودرائوگو، کودتا می‌کنند. سانکارا، لینگانی[5] و عده‌ای دیگر دستگیر می‌شوند. سانکارا در پادگان واهی‌گویا[6] زندانی می‌شود. زنگو و کومپائوره فرار می‌کنند. کومپائوره به شهر پو بازمی‌گردد و به عنوان فرمانده مرکز ملی آموزش نظامی کماندوها، مقاومت در مقابل کودتا را سازمان می‌دهد. زونگو متعاقباً در محل

1- Samora Machel
2- Maurice Bishop
3- Bobo Diolasso
4- Guy Penne
5- Lingani
6- Ouahigouya

سنگربندی‌اش در واگادوگو تسلیم می‌شود.

۲۰-۲۲ مه هزاران نفر علیه دولت تظاهرات برپا می‌کنند و خواستار آزادی سانکارا می‌شوند. اودرائوگو مجبور می‌شود در ۲۷ مه اعلامیهٔ آزادی زندانیان سیاسی را صادر کند. سانکارا در ۳۰ مه به واگادوگو باز می‌گردد و در منزلش تحت بازداشت قرار می‌گیرد.

ژوئن-اوت کومپائوره در شهر پو به مقاومت خود ادامه می‌دهد. حامیان سانکارا، فعالین جناح چپ و بسیاری دیگر برای کسب آموزش نظامی به سمت پو سرازیر می‌شوند.

۴ اوت کومپائوره، و ۲۵۰ نفر دیگر، سانکارا و عده‌ای دیگر را که در منزلشان تحت بازداشت بودند آزاد می‌کنند. رژیم اودرائوگو سقوط می‌کند. شورای ملی انقلاب قدرت را بدست می‌گیرد. سانکارا رییس جمهور می‌شود و طی نطقی رادیویی از مردم دعوت می‌کند تا کمیته‌های دفاع از انقلاب را بنیان‌گذاری کنند.

۵ اوت ساکنین شهر واگادوگو و سایر شهرها به خیابان‌ها می‌ریزند و به جشن و پایکوبی می‌پردازند.

۷ اوت تظاهرات وسیعی در حمایت از شورای ملی انقلاب در واگادوگو برپا می‌شود.

۳۰ سپتامبر سرگرد خلبان، جری رالینگز که ریاست دولت غنا را برعهده داشت در شهر پو با سانکارا ملاقات می‌کند.

۲ اکتبر سانکارا، به نمایندگی از طرف شورای ملی انقلاب،

«نطق جهت‌گیری سیاسی» را ارائه می‌دهد.

۳۱ اکتبر ولتای علیا برای مدت دو سال به عضویت شورای امنیت سازمان ملل درمی‌آید.

۴-۸ نوامبر ولتای علیا و غنا، مشترکاً مانور نظامی وحدت متهورانه را برگزار می‌کنند.

دسامبر موافقتنامه همکاری‌های اقتصادی، علمی و فنی میان ولتای علیا و کوبا به امضاء می‌رسد.

۲۱ دسامبر ادواردو سانتوس[1]، رییس جمهور آنگولا، برای ملاقات با سانکارا وارد واگادوگو می‌شود.

۱۹۸۴

۳ ژانویه اولین جلسهٔ دادگاه انقلابی خلق تشکیل و رییس جمهور اسبق، سنگول لامیزانا و سه نفر از همدستانش محاکمه و تبرئه می‌شوند. پرسش و پاسخ‌ها مستقیماً از شبکهٔ سراسری رادیو پخش می‌شود.

اوایل فوریه شورای ملی انقلاب پرداخت حق‌السهم به رؤسای روستاها و همچنین بیگاری برای آنان را ملغی اعلام می‌کند.

۱۰-۱۲ فوریه رالینگ رسماً از واگادوگو بازدید می‌کند.

۲۰-۲۱ مارس پس از اینکه سه نفر از رهبران اتحادیه سراسری معلمان ولتای علیا، که به سازمان غیرقانونی جبههٔ

1- Edvardo dos Santos

مترقی ولتا وابسته بود، دستگیر می‌شوند، این اتحادیه اعتصاب تحریک‌آمیزی را علیه دولت انقلابی متشکل می‌سازد.

۲۲ مارس شورای ملی انقلاب ۱۵۰۰ معلم را اخراج می‌کند.

۳۱ مارس سانکارا عازم بازدید رسمی از الجزیره، موریتانی و جمهوری دموکراتیک عربی صحرا می‌شود.

۸ آوریل به منظور تأمین مسکن، در واگادوگو زمین در بین مردم تقسیم می‌شود.

۲۶ آوریل پروژهٔ جدید آبرسانی آغاز می‌شود تا ۱۶۰۰۰ هکتار از زمین‌های کشاورزی درهٔ سورو - در نزدیکی واگادوگو - را احیاء کند.

۲۷ مه بازدید رسمی از کشور سواحل عاج لغو می‌شود. زیرا فلیکس هوفوئت-بوینی[1] رییس جمهور این کشور، مانع دیدار سانکارا با دانشجویان و کارگران بورکینایی مقیم آبی‌جان، مرکز سواحل عاج، می‌شود.

۲۶-۲۷ مه توطئهٔ ضدانقلابی که رهبری آن را جوزف کی-زربو[2]، تبعیدی طرفدار امپریالیسم، برعهده داشت کشف و خنثی می‌شود. هفت نفر از بازداشت شدگان، محاکمه، و بلافاصله اعدام می‌شوند.

۲۳ ژوییه سانکارا مسافرتی طولانی را به سرتاسر آفریقا آغاز و از اتیوپی، آنگولا، کنگو، موزامبیک، گابن[3] و

1- Felix Houphouët-Boigny 2- Josef Ki-zerbo
3- Gabon

ماداگاسکار دیدار می‌کند.

۱۲ ژوئیه دورهٔ خدمت نظام، اجباری اعلام می‌شود.

۴ اوت اولین سالگرد انقلاب؛ هزاران نفر از اعضای ارتش خلق، مسلحانه در واگادوگو راهپیمایی می‌کنند. جمهوری ولتای علیا به بورکینافاسو (ترکیبی از واژگان زبان‌های ژولا و مورو و به معنی سرزمین مردان استوار) تغییر نام می‌یابد.

طبق قانون جدید اصلاحات ارضی، زمین و ثروت‌های نهفته در اعماق آن ملی اعلام می‌شود.

۱۹ اوت سانکارا اولین کابینهٔ خود را منحل می‌کند و کابینهٔ جدیدی تشکیل می‌دهد.

۲۲ سپتامبر در شهر واگادوگو روز همبستگی با زنان اعلام می‌شود؛ مردها تشویق می‌شوند که برای خرید به بازار بروند و نیز غذا بپزند تا وضعیت زنان را بهتر درک کنند.

۲۵ - ۳۰ سپتامبر سانکارا از کوبا بازدید می‌کند؛ مدال خوزه مارتی به او اعطا می‌شود.

اکتبر سانکارا به ریاست جامعه مشترک اقتصادی غرب آفریقا[1] انتخاب می‌شود.

اول اکتبر لایحه شورای ملی انقلاب، مالیات سرانه را، که از دیرباز بورکینایی‌ها مجبور به پرداخت آن بودند، لغو

1- West African Economic Community

می‌کند. اجرای برنامهٔ مردم‌گرای توسعه شروع می‌شود و تا دسامبر ۱۹۸۵ ادامه می‌یابد.

۱۴ اکتبر
سانکارا در سی و نهمین اجلاس عمومی سازمان ملل متحد در نیویورک سخنرانی می‌کند.

۵-۹ نوامبر
سانکارا از جمهوری خلق چین بازدید می‌کند.

۱۲-۱۵ نوامبر
سانکارا در بیستمین نشست سازمان وحدت آفریقا، که در آدیس آبابا واقع در اتیوپی برگزار می‌شود، شرکت و کمک می‌کند تا مبارزه بـرای پـذیرش جمهوری دموکراتیک صحرای غربی به ایـن سـازمان، پیروز شود.

۲۵ نوامبر
طی یک بسیج هـمگانی ۱۵ روزه، کلیه شهروندان بورکینایی زیر پانزده سال علیه بیماری‌های منانژیت، تب زرد و آبله مرغان واکسینه می‌شوند؛ داوطلبان کوبایی نیز در این برنامه شرکت مـی‌جویند و بـدین ترتیب ۲/۵ میلیون کودک بورکینایی در مقابل ایـن امراض مصونیت می‌یابند.

۳ دسامبر
سه هزار نماینده در همایش سراسری بررسی بودجه در واگادوگو گردهم مـی‌آیند و بـه پیشنهاداتـی رای می‌دهند: نظیر جمع‌آوری یک‌مـاه حـقوق کـارمندان ارشد و افسران ارشد ارتش و ۱۵ روز حقوق سـایر کارمندان خدمات دولتی بـه مـنظور تأمین بـودجهٔ پروژه‌های توسعهٔ خدمات اجتماعی.

۳۱ دسامبر
سانکارا اعلام مـی‌دارد که در سـال ۱۹۸۵ هـیچ

مستأجری اجاره‌بهای منزل مسکونی نخواهد پرداخت و پروژه‌های گسترده‌ای برای احداث مجتمع‌های مسکونی را دولت آغاز می‌کند.

۱۹۸۵

بسیج عمومی برای کاشتن ۱۰ میلیون نهال در سال ۱۹۸۵ آغاز می‌شود تا از پیشروی صحرای آفریقا به سمت جنوب جلوگیری شود.

اول فوریه	تلاش مبارزه گونه برای احداث راه‌آهن واگادوگو - تامبائو[1] (به سمت شمال) آغاز می‌شود.
۱۲ فوریه	سانکارا به منظور شرکت در جلسهٔ شورای حسن تفاهم[2] وارد کشور ساحل عاج (شهر یاموس سوکرو) می‌شود. هزاران نفر برای استقبال از وی به خیابان‌ها می‌ریزند.
۱-۸ مارس	همایش سراسری آزادی زنان، با حضور بیش از ۳۰۰۰ نفر در واگادوگو برگزار می‌شود.
۱۷-۲۳ مارس	مانور نظامی مشترک باکشور گینه برگزار می‌شود.
۴ اوت	جشن دومین سالگرد پیروزی انقلاب برگزار می‌شود؛ در این مراسم کلیه دستجات زنانِ حاضر در راهپیمایی بر حرکت به سمت کسب حقوق مساوی برای زنان تأکید می‌ورزند.
۱۰ سپتامبر	در اجلاس ویژهٔ شورای حسن تفاهم که در شهر

1- Tambao

2- Entente Council

یاموس سوکرو در ساحل عاج برگزار می‌شود، تخاصم رژیم‌های محافظه کار علیه انقلاب بورکینافاسو و کشور گینه علنی می‌شود.

۲۵ دسامبر هواپیماهای جنگی کشور مالی، بورکینافاسو را بمباران می‌کنند و دومین جنگ مالی - بورکینا پنج روز به طول می‌انجامد؛ یکصد نفر از طرفین کشته می‌شوند؛ در ۲۹ دسامبر آتش بس اعلام می‌شود.

۱۹۸۶

۳ ژانویه سانکارا کلیه اسرای جنگی کشور مالی را آزاد می‌کند.

فوریه - آوریل بسیج عمومی سوادآموزی با عنوان رزمندگان آلفا به ۹ زبان بومی و با مشارکت ۳۵۰۰۰ داوطلب آغاز می‌شود.

۳۱ مارس - آوریل اولین گردهم‌آیی سراسری کمیته‌های دفاع از انقلاب برگزار می‌شود.

۴ اوت در سومین سالگرد انقلاب، برنامهٔ پنجساله آغاز می‌شود.

۲۷ اوت دانیل اورتگا، رییس جمهور نیکاراگوئه، رسماً از بورکینافاسو بازدید می‌کند.

۳ سپتامبر سانکارا در هشتمین اجلاس کشورهای غیرمتعهد در حراره، زیمبابوه، سخنرانی می‌کند.

۶-۱۲ اکتبر سانکارا از شوروی بازدید می‌کند.

۸ نوامبر سانکارا در مسیر بازدید از نیکاراگوئه به کوبا می‌رود،

با فیدل کاسترو ملاقات می‌کند و سپس عازم نیکاراگوئه می‌شود و در مراسم بیست و پنجمین سالروز تأسیس جبهه آزادیبخش ساندنیست و دهمین سالمرگ کارلوس فونسکا از طرف ۱۸۰ هیأت نمایندگی حاضر در مراسم سخنرانی می‌کند.

۹ نوامبر سانکارا نشان افتخار کارلوس فونسکا را [در نیکاراگوئه] دریافت می‌کند. سپس دو روز به کوبا می‌رود تا با رائول کاسترو تبادل‌نظر کند.

۱۷ نوامبر فرانس میتران، رییس جمهور فرانسه، از واگادوگو بازدید می‌کند؛ سانکارا روابط موجود میان فرانسه و رژیم آپارتاید آفریقای جنوبی را محکوم می‌کند.

۱۹۸۷

در آغاز این سال، برنامه‌ای که با حمایت سازمان ملل برای ریشه‌کن‌سازی مرض نابیناییِ ناشی از مصرف آب رودخانه‌ها آغاز شده بود نتیجه می‌بخشد و این بیماری به شکل مؤثری مهار می‌شود.

۸ مارس سانکارا در جشن روز جهانی زن در واگادوگو سخنرانی می‌کند.

۳۰ مارس - ۳ آوریل دومین گردهم‌آیی کمیته‌های دفاع از انقلاب برگزار می‌شود.

۱۱ آوریل سانکارا اعلامیه‌ای صادر می‌کند مبنی بر تشکیل اتحادیه سراسری دهقانان بورکینافاسو.

۴ اوت	چهارمین سالروز پیروزی انقلاب در بوبو دیـولاسو[1] برگزار می‌شود.
۲ اکتبر	سانکارا در مراسم بزرگداشت چهارمین سالگرد «نطق جهت‌گیری سیاسی» سخنرانی می‌کند.
۸ اکتبر	سانکارا نمایشگاه عکس چه‌گوارا را در بورکینا فاسو افتتاح و بدین مناسبت سخنرانی می‌کند. این نمایشگاه به مناسبت بیستمین سالگرد قتل چه‌گوارا در بولیوی، تشکیل می‌شود.
۸-۱۱ اکتبر	گردهم‌آیی ضدآپارتاید سراسری آفریقا تـحت نـام بامباتا[2] با شـرکت نـمایندگان بیست کشور و چهل سازمان، در واگادوگو تشکیل می‌شود. سـانکارا در کنفرانس مطبوعاتی اختتامیه گـردهم‌آیی سـخنرانـی می‌کند.
۱۵ اکتبر	سانکارا در طی یک کودتای ضدانقلابی همراه دوازده تن از یاران نزدیکش به قتل می‌رسد. جبهۀ ائتلافی به رهبری بلیز کومپائوره شورای ملی انقلاب را منحل و از مردم دعوت می‌کند در حمایت از کودتا راهپیمایی کنند. مردم نه‌تنها به دعوت وی پاسخ مثبت نمی‌دهند، بلکه چندین روز متوالی هزاران نفر در کنار قبر موقت سانکارا سوگواری می‌کنند.
اکتبر	کمیته‌های انقلاب که بلافاصله پس از پیروزی انقلاب

1- Bobo Dioulasso
2- Bambata Pan-African Anti Aparthied Conference

در ۴ اکتبر ۱۹۸۳ تشکیل شده بود و مردم شـهر و
روستا و محلات و کارخانجات و مدارس و واحدهای
ارتش در سرتاسر کشور و خارج را در بر می‌گرفت و
طیف وسیعی از برنامه‌های اجتماعی دولت انقلابی را
پیش می‌برد و مردم را به شرکت در فعالیت‌های سیاسی
تشویق می‌کرد، بلافاصله پس از سرنگونی انقلاب، به
دست دولت کودتا منحل می‌شود.

۱۹۸۸

ارتش رژیم آپارتاید آفریقای جنوبی در جنگ کوئیتو کواناویل[1] از ارتش
آزادیبخش آنگولا شکست می‌خورد و راه برای سرنگونی رژیم آپارتاید
هموار می‌شود.

1- Quito Cuanavale

توماس سانکارا در حال سخنرانی در محلهٔ هارلم در نیویورک، اکتبر ۱۹۸۴ (عکس از هفته نامهٔ میلیتانت)

فیدل کاسترو، رییس جمهور کوبا، در ۲۵ سپتامبر ۱۹۸۴ نشان افتخار خوزه مارتی را به توماس سانکارا اعطاء می‌کند.

توماس سانکارا در حال سخنرانی در شهر ماناگوا در نیکاراگوا، ۸ نوامبر ۱۹۸۶ (عکس از نشریه باریکادا)

مبارزات آزادیبخش مردم آفریقا
و اعتلای زنان

توماس سانکارا
هشتم مارس ۱۹۸۷

انقلاب فقط با آزادی زنان پیروز خواهد شد

به ندرت اتفاق می‌افتد که مردی برای چنین جمع کثیری از زنان سخن بگوید. همچنین کم‌تر پیش می‌آید مردی به چنین جمع انبوهی از زنان پیشنهاد کند که به جبهه‌ی جدیدی از مبارزه بپیوندند. هر مردی در اولین نگاه خود به یک زن، احساس شرمساری می‌کند. بنابراین، خواهران، ضمن اینکه از صحبت با شما بسیار شادمانم، به عنوان یک مرد، هر یک از شما را به چشم خواهر یا مادر و یا همسر می‌نگرم.

امیدوارم خواهرانی که از استان کادیاگو[1] تشریف آورده‌اند و زبان فرانسه نمی‌دانند مثل همیشه صبور باشند؛ به هر حال آنان نیز همانند مادرانمان وظیفهٔ ۹ ماه بارداری ما را بدون هیچ شکایتی تحمل کرده‌اند [سانکارا سپس به زبان بومی مور[2] توضیح می‌دهد که ترجمه‌ای از سخنرانیش را دریافت خواهند کرد].

چهارم اوت [۱۹۸۳] دستاورد عظیمی که در جهت منافع اکثریت مردم

1- Kadiogo

2- Mooré

بورکیناست نصیب ما شد. این حرکت مردم ما را نام‌آور ساخت و افق جدیدی برای کشورمان ایجاد کرد. مردان بورکینا که تا آن زمان به عنوان مردانی خوار و ذلیل و یا یاغی تلقی می‌شدند شهد شیرین آزادی را چشیدند و گرانبهاترین نشان‌های جهان، یعنی افتخار و عزّت، نصیبشان شد. از آن لحظه به بعد شعف و شادی وجود مردان ما را در برگرفت. هر روز شادمان‌تر و از ثمرات مبارزات خود سرمست‌تر می‌شویم. اما، این شادمانی خودخواهانهٔ مردان ما توهمی بیش نیست. زیرا، یکی از حیاتی‌ترین اجزای این جنبش، یعنی زنان را بـه دست فراموشی سپرده‌ایم. آنان از این جنبش عظیم اجتماعی کنار گذاشته شده و از لذاید آن بی‌بهره مانده‌اند.

گرچه مردان ما به مرزهای گلزار پهناور انقلاب رسیده‌اند، اما زنان ما همچنان گمنامند و به دست فراموشی سپرده شده‌اند. زنان ما، گاه با صدایی ضعیف و گاه با فریاد، از آرزوهایی سخن می‌گویند که گرچه کشور بورکینا را فراگرفته اما برای زنان تاکنون پا را از حد کلمات دلنشین فراتر نگذاشته است. وعده‌های انقلاب، هم‌اکنون برای مردان ما به یک واقعیت تبدیل شده است، اما، برای زنان ما هنوز شایعه‌ای بیش نیست. حال آنکه اعتبار و آینده انقلاب ما به وجود زنان وابسته است.

موضوع مشارکت زنان در انقلاب بسیار با اهمیت و حیاتی است. زیرا تا زمانی که بخش تعیین کننده‌ای از جمعیت ما تحت سلطه قرار گرفته باشد - وضعیتی که نظام‌های مختلف استثمارگر طی قرون متمادی ایجاد و تحمیل کرده‌اند - هیچ دست‌آورد قطعی، بادوام و کاملی در کشورمان نـخواهـیم داشت.

اکنون زمان آن فرا رسیده است که مردان و زنان بورکینا فاسو تصویری را که در ذهن خود از خودشان ایجاد کرده‌اند تغییر دهند. زیرا، آنان به جامعه‌ای

تعلق دارند که نه تنها روابط اجتماعی جدیدی را پایه گذاری می‌کند، بـلکه روابط فرهنگی را نیز متحول می‌سازد، روابط حاکم میان زن و مرد را واژگون می‌کند، و هر دو را وامی‌دارد تا ماهیت این روابط را بازنگری کنند.

وظیفهٔ بازنگری روابط زن و مرد و متحول ساختن آن بسیار دشوار، اما ضروری است؛ زیرا نقش تعیین کننده‌ای در هدایت انقلابمان به مقام رفیع خود دارد. از این طریق تمام نیروهای بالقوهٔ انقلاب آزاد می‌شود و روابط واقعی، طبیعی و ضروری میان زن و مرد حاکم و طبیعی‌ترین نوع روابط میان مردم ایجاد می‌شود. بدین ترتیب آشکار خواهد شد که رفتار طبیعی مردان تا چه میزان انسان گونه شده است و مردان تا چه حد به طبیعت انسانی خـود پـی برده‌اند.

شما زنان، ترکیب پیچیده و بیکران رنج و شادی، تنها و رها شده به خود، ولی به وجود آورندهٔ کل بشریت؛ رنجدیده، ناکام و خوار و در عین حال منبع بی‌پایان شادی و لذت برای همهٔ ما، منبع عاطفی ماورای قیاس و الهام‌بخش حرکت‌های شجاعانه هستید. ضعیف خوانده می‌شوید، اما مـملو از قـدرت ناگفته‌ای هستید که الهام بخش ما برای کسب افتخار بـوده است. مـوجودی ساخته شده از گوشت و خون و سرشار از معنویت، مادر و همدم ما مردان در تمام طول زندگی و همرزم مبارز ما هستید و بنابر همین حقایق است که باید محقانه مدعی تساوی حقوق خود در جشن پرشکوه پیروزی انقلاب باشید.

در پرتو این حقایق، همهٔ ما، اعم از زن و مرد، باید نقش و جایگاه زنان در جامعه را تعریف کنیم و بر آن تأکید ورزیم. بنابراین، باید از راه اسـتقرار آزادی و فایق آمدن بر روابط نابرابر زن و مرد، که به اسـتناد تـفاوت‌های ساختار طبیعی‌شان ایجاد شده است، هرگونه توجیهات شرم‌آوری که استثمار زنان را هدف قرار داده است کنار بگذاریم و تصویر واقعی انسان را دوباره

احیاء سازیم.

امروزه مطرح ساختن مسألهٔ زنان در بورکینا به معنی پی‌ریزی طرحی برای محو این نظام برده‌داری است که زنان هزاران سال گرفتارش بوده‌اند. اولین قدم، تلاش برای درک عملکرد این نظام و پی‌بردن به ماهیت واقعی آن به منظور دستیابی به یک خط‌مشی عملی برای رهایی کامل زنان است.

به عبارت دیگر، برای پیروزی در این نبرد مشترک، باید با جوانب مختلف مسایل زنان جهان و بورکینا آشنا شویم. باید درک کنیم که مبارزات زنان بورکینا بخشی از مبارزه برای اعادهٔ اعتبار و حیثیت قارهٔ آفریقا، و فراتر از آن، بخشی از مبارزات جهانی زنان است. بنابراین، آزادی زنان در بطن مسألهٔ آزادی بشر در بورکینا و جهان قرار دارد و بنابراین ماهیت آن جهانی است.

مبارزهٔ طبقاتی و وضعیت اجتماعی زنان در جهان

شکی نیست که ماتریالیسم دیالکتیک در زمینه شناخت موقعیت کنونی زنان حق بزرگی بر گردن ما دارد. زیرا همین مکتب فلسفی کمک کرد تا دریابیم که استثمار زنان جزئی از عملکرد نظام عمومی استثمارگر است.

مکتب ماتریالیسم دیالکتیک، جامعهٔ بشری را جزئی از طبیعت که تغییر ناپذیر است نمی‌داند بلکه عاملی می‌شناسد که خود بر طبیعت اثر می‌گذارد. انسان منفعلانه خود را تسلیم قدرت طبیعت نمی‌کند، بلکه آن را تحت سیطره خود در می‌آورد. این پدیده فرایندی ذهنی‌گرایانه و نشأت گرفته از تخیلات انسان نیست، بلکه ریشه در تجربیات عملی دارد. نگرش واقعی به زنان نیز هنگامی آغاز می‌شود که صرفاً از دیدگاه جنسیت به آن‌ها نظر نیافکنیم، بلکه نگرشی ورای فعالیت‌های بیولوژیکی بر آنان داشته باشیم، تا بتوانیم از

موقعیت آنان به عنوان نیرویی فعال و وزنهای اجتماعی آگاه شویم.

بعلاوه، زن آگاهی از خود را تنها با شناخت جنسیت بدست نمی‌آورد، بلکه، آگاهی وی انعکاسی است از موقعیتی که ساختار اقتصادی جامعه برایش فراهم آورده است؛ و آنچه در تعیین ساختار اقتصادی جامعه نقش مؤثر دارد، سطح رشد تکنولوژی و روابط طبقاتی موجود در جامعه است. اهمیت ماتریالیسم دیالکتیک این است که از محدودیت‌های صرفاً بیولوژیکی و نظریه‌های ساده اندیشی مبتنی بر بردگی انسان در مقابل طبیعت پا را فراتر می‌گذارد و از دیدگاه زمینه‌های اقتصادی و اجتماعی به حقایق می‌نگرد.

از آغاز تاریخ بشریت، تسلط انسان بر طبیعت هیچگاه با دست خالی انجام نگرفته است. دست انسان، که انگشت شست روبروی سایر انگشتانش قرار دارد، ابزار را می‌گیرد و ابزار بر قدرتش می‌افزاید. تأثیرات تفاوت‌های فیزیکی نظیر قدرت عضلانی بدن و یا زایمان به تنهایی شرایط نامساوی میان زن و مرد را ایجاد نکرد. پیشرفت تکنولوژی نیز تنها عامل نهادینه کردن نابرابری موجود نبوده است. در برخی موارد و در نقاطی از کرۀ زمین زنان موفق شدند بر اختلاف جسمانی‌ای که سبب جدایی آن‌ها از مردان می‌شد فایق آیند.

آنچه نابرابری زنان را نهادینه کرد، تبدیل جوامع از نوعی به نوعی دیگر بود. عدم تساوی حقوق زنان به منظور ایجاد شکل خاصی از سلطه و استثمار رواج پیدا کرد و ساخته و پرداختۀ بینش و تصورات ذهنی خود ما است. امروزه، وظایف بارداری و نگهداری اطفال و احساس مسئولیت اجتماعی زنان برای تطبیق خود با الگوهایی که مردان در جامعه ایجاد کرده‌اند، مانعی است در مقابل زنانی که متمایل به پرورش اندام خود، تا حد دستیابی به عضلات به اصطلاح مردانه، هستند.

در طول هزاران سال، از عصر حجر تا دورهٔ برنز، به عقیدهٔ متخصصین برجسته باستان شناس، روابط میان زن و مرد خصلتی مثبت داشته است و مکمل یکدیگر بوده‌اند. و این وضع به مدت هشت هزار سال دوام داشت. همانگونه که فردریک انگلس شرح می‌دهد، ویژگی بارز این دوران وجود همکاری متقابل و روابط صمیمانهٔ مرد و زن بوده است؛ برخلاف دوران مردسالاری که خصلت کنار گذاشتن زنان از امور اجتماعی را به خود گرفته است. انگلس نه تنها تکامل تکنولوژی را دنبال کرد، بلکه پیدایش اسارت تاریخی زنان را نیز ریشه یابی کرد و نتیجه گرفت که اسارت زنان همزمان با پیدایش مالکیت خصوصی شکل گرفت. یعنی، زمانی که روابط تولیدی و ساختار اجتماعی جدیدی پا به عرصه وجود گذاشت.

با تشدید نیاز به کارگر برای برچیدن جنگل‌ها به منظور ایجاد مزارع و استفادهٔ بهینه از منابع طبیعی نوعی تقسیم کار پدید آمد. جستجو برای کسب و افزایش منافع شخصی، باعث شد که انسان به دنبال راه‌هایی برود که، با حداقل تلاش، حداکثر منافع را برایش داشته باشد. بدین ترتیب فردگرایی، سستی و رخوت از درون انسان سربرآورد و ارزش اجتماعی پیدا کرد.

حساسیت زن نسبت به حراست از خانواده و قبیله، به تله‌ای برای سوق دادن وی به زیر سلطهٔ مرد تبدیل شد. معصومیت و از خود گذشتگی، قربانی تزویر و خودکامگی شد. عشق استهزا و عزت‌نفسِ انسان تحقیر شد. تمامی احساسات و عواطف اصیل بشری به ابزاری برای داد و ستد تبدیل گشت. از آن زمان به بعد اشتیاق زنان به مهمان نوازی و علاقهٔ آنان به تجربهٔ مشترک با خدعه و نیرنگ پاسخ داده شد.

گرچه زنان از این ریاکاری، که سهم نابرابری از بار مسئولیت را به آنان تحمیل می‌کرد، آگاه بودند، ولی برای مراقبت از آنچه بدان عشق می‌ورزیدند

دنباله‌رو مردان شدند. مردان نیز با آگاهی از حس فداکاری زنان، تا جایی که می‌توانستند سوء استفاده کردند. این بذر استثمار تبه‌کارانه بعدها ضرورتی اجتماعی تلقی شد و به مراتب نسبت به امتیازاتی که زنان آگاهانه داده بودند پا را فراتر گذاشت و به خیانتی تاریخی علیه زنان تبدیل شد.

همگام با ظهور پدیدهٔ مالکیت خصوصی، برای اولین بار پدیدهٔ برده‌داری شکل گرفت. مرد که صاحب بردگان و زمین بود، نهایتاً ارباب زن نیز شد. شکست تاریخی جنس مؤنث اینگونه اتفاق افتاد. شکستی که با پیدایش تحول بزرگی در تقسیم کار، ظهور روابط تولیدی جدید و انقلاب جدیدی در ابزار تولید، همگام بود. بدین ترتیب، حقوق ناشی از مادرسالاری جای خود را به حقوق پدرسالاری داد. حق مالکیت و ارث که قبلاً از زن به قبیله‌اش می‌رسید، اکنون از مرد به اولاد ذکور منتقل می‌شد. خانواده پدرسالار برمبنای حق مالکیت خصوصی مرد، که اکنون رییس خانواده شده بود، پا به عرصهٔ وجود گذاشت. زن، در چارچوب جدید خانواده، به موجودی ستمدیده تبدیل شد. مرد، که حاکم مطلق شده بود، بوالهوسی‌های جنسی خود را از طریق اختلاط با برده‌های خود و یا فاحشه‌ها ارضاء می‌کرد.

زن به موجودی تبدیل شد که مردان در جنگ‌ها به غنیمت می‌گرفتند و در تجارت، خرید و فروش می‌کردند. مرد، هم از نیروی کار زنان سود به جیب می‌زد و هم از هزارچم لذت آفرینش سرمست می‌گشت. زنان نیز به محض اینکه ارباب فرصتی به آنان می‌داد، با ارتکاب خیانت، از مردان انتقام می‌گرفتند. بنابراین، بی‌عفتی همتای طبیعی ازدواج شد و تنها حربهٔ باقیمانده در دست زنان برای انتقام‌گیری در مقابل تبدیل شدن به بردهٔ خانگی بود. ستمدیدگی اجتماعی زن، نتیجهٔ مستقیم ستمدیدگی اقتصادی وی بود.

با توجه به چرخهٔ خشونت‌آمیزی که شرح آن رفت، تنها طریقی که می‌توان

نابرابری را ریشه‌کن ساخت و برای زن و مرد حقوق مساوی ایجاد کرد آن
است که طغیانی اجتماعی برپا شود و روابط تولید و ابزار تولید را دگرگون
سازد تا جامعهٔ نوینی بر پا شود. بنابراین، موقعیت زنان هنگامی بهبود می‌یابد
که نظام استثمارگر ریشه‌کن شود. حقیقت این است که، در طول قرون متوالی،
هر جا نظام پدرسالاری پیروز شده است، استثمار طبقاتی و نزول موقعیت
اجتماعی زنان همپای یکدیگر به پیش رفته‌اند. البته، مقاطع تابناکی نیز وجود
داشته است که زنان، از طریق تارک دنیا شدن و یا جنگجویی، زنجیرهای
استثمار را گسسته‌اند. اما خصلت اصلی، یعنی به زیر سلطه کشیدن زن، همواره
ادامه و تحکیم یافته است؛ چه در زمینهٔ کار روزانه و چه در زمینهٔ خفقان
اخلاقی و فکری.

زن که موقعیت اجتماعی‌اش با پیدایش مالکیت خصوصی کاملاً وارونه
شده بود، حتی از درون خودش نیز تبعید شد. تنها وظیفه‌ای که برعهده‌اش
گذاشته شد پرورش اطفال و کنیزی بود. نامش از متون فلسفی (نظیر نوشته‌های
ارسطو، فیثاغورث و دیگران)، و احادیث بانفوذترین مذاهب حذف شد.
تاریخ اساطیری اعطای هرگونه ارزشی را از وی دریغ کرد. زن که در جامعهٔ
برده‌داری چیزی جز حیوان بارکشی با شکل و شمایل انسان نبود، به سرنوشت
بردگان دچار شد.

بنابراین، جای تعجب نیست که در مرحلهٔ چیرگی نظام سرمایه‌داری، که
انسان‌ها برایش شماره‌هایی بیش نیستند، این نظام نیز با بی‌شرمی وصف‌ناپذیر
و به روش‌های بسیار پیچیده‌ای زنان را استثمار کرده است. به همین دلیل
می‌شنویم در آن روزگاران صاحبان کارخانه‌ها زنان را فقط برای کار کردن در
کنار ماشین‌های نساجی مکانیزه استخدام می‌کردند. صاحبان کارخانه‌ها
ترجیح می‌دادند که زنان متأهل را استخدام کنند، بخصوص آن‌دسته‌ای که تنها

نان‌آور خانوادهٔ خود بودند. زیرا اینگونه زنان به مراتب بیش از زنان مجرد به کار خود توجه می‌کردند، سربراه‌تر بودند، راه چاره‌ای نداشتند جز آنکه برای بدست آوردن لقمه نان بخور و نمیری برای خانواده، تا مرز خستگی مفرط و از پا افتادگی کار کنند. بدین ترتیب متوجه می‌شوید چگونه مسئولیت‌پذیری زن علیه خودش بکار می‌رود و از تمامی مزیت‌های اخلاقی و حساس طبیعت زنانه‌اش برای به زیر سلطه کشیدنش سوء استفاده می‌شود. مهربانی و عشقش به خانواده و دقت بیش از حدش در انجام وظایف شغلی، همه و همه علیه‌اش بکار برده می‌شود و این در حالی است که تمام تلاشش را بکار می‌برد تا ضعفی از خود نشان ندهد.

بنابراین، در طول قرن‌ها و اعصار و در جوامع مختلف، زن سرنوشت غم‌انگیزی را گذرانده و همواره موقعیتی پست‌تر از مردان داشته است. گرچه نابرابری به شکل‌های گوناگونی نمود می‌کرده، اما، اصل نابرابری همواره پا برجا بوده است.

در جامعهٔ برده‌داری، بردهٔ مرد به عنوان حیوانی تلقی می‌شد که وظیفه‌اش تولید محصول و انجام وظایف دیگر بود. زن به رغم اینکه چه موقعیت اجتماعی‌ای می‌داشت، نه تنها در طبقهٔ خودش زیر پا له می‌شد، بلکه طبقات دیگر نیز همان رفتار را با وی داشتند. این شرایط حتی برای آندسته از زنانی مصداق پیدا می‌کرد که عضو طبقهٔ استثمارگر بودند. در جامعهٔ فئودالی زنان در موقعیتی نگهداشته می‌شدند که کاملاً از نظر اقتصادی به مردان وابسته بودند و این وضعیت با بهانه‌هایی نظیر ضعف جسمانی و روانی زنان توجیه می‌شد. اغلب به زنان به عنوان موجودی نگاه می‌شد که فاقد عفت، و عامل اصلی برملا شدن رازها، و کم‌عقل هستند و از اماکن مذهبی نیز دور نگه داشته می‌شدند. زن، که قبلاً از نظر اخلاقی و اجتماعی محکوم شده است، در جامعهٔ

سرمایه‌داری از نظر اقتصادی نیز تحت انقیاد قرار می‌گیرد. چه کار نکند و مرد خانه خرجش را بدهد، و چه تا پای جان زحمت بکشد، در هر صورت برده‌ای بیش نیست. هرگز قادر نخواهیم بود که تصویر مناسبی از ژرفای بدبختی‌های زنان ترسیم کنیم و یا آنکه به اندازهٔ کافی نشان دهیم که زن شریک بدبختی‌های کل طبقهٔ کارگر است.

شکل خاص ستم کشیدگی زنان

سرنوشت زن با سرنوشت مردانی که استثمار می‌شوند گره خورده است. این یک واقعیت است. اما، وجود این همبستگی که ریشه در استثمار مشترک زن و مرد دارد و میان آنان پیوندی تاریخی ایجاد می‌کند نباید مانع شود تا شرایط خاصی را که بر زنان حاکم است فراموش کنیم. عواملی که خصلت ویژهٔ زندگی زن را تعیین می‌کنند تنها داده‌های اقتصادی نیستند و نشان می‌دهند که زن، علاوه بر آن، از ستم ویژه‌ای رنج می‌برد. خصلت ویژهٔ این ستمدیدگی را نمی‌توان با علایم ریاضی ساده و یا ساده‌انگاری‌های کودکانه توضیح داد.

واقعیت این است که نظام استثماری موجود، زن و مرد کارگر را محکوم به سکوت کرده است تا در مقابله با استثمار دم برنیاورند. اما، تحت نظام اقتصادی موجود، زنان کارگر از جانب شوهرانشان، که خود کارگر هستند، نیز محکوم به سکوت می‌شوند ـ به عبارت دیگر، مضاف بر استثمار طبقاتی که گریبانگیر هر دو آنان است، زنان باید شرایطی را تحمل کنند که میان آنان و شوهرانشان حاکم است؛ روابطی مملو از تضاد و خشونت که بر پایه برتری فیزیکی مردان استوار شده است. واضح است که تفاوت موجود در میان جنس‌های مختلف، از ویژگی‌های جامعهٔ بشری است. این تفاوت‌ها بیانگر وجود روابط خاصی میان زن و مرد است و بی‌درنگ مانع از آن می‌شود که،

حتی در خطوط تولید، به زنان همکارمان به چشم همقطار نگاه کنیم. تا زمانی که روابط اجتماعی برمبنای امتیازات ویژه و برتری اجتماعی مردان و ایجاد مخاطره برای زنان شکل گرفته باشد، باید پذیرفت که واقعیت زندگی زنان چیزی نیست مگر یک معضل اجتماعی.

مردان از طبیعت پیچیدهٔ روابط موجود در جامعه به عنوان توجیهی برای ایجاد سردرگمی در میان صفوف زنان استفاده می‌کنند. مرد برای حفظ سلطه‌اش بر زن از کاربُرد هرگونه عمل زیرکانه‌ای، که جامعهٔ مبتنی بر استثمار طبقاتی زمینه‌اش را فراهم می‌سازد، دریغ نمی‌کند. این همان شیوه‌ایست که مردان برای سلطه بر مردانِ سرزمین‌های دیگر بکار می‌گیرند. در مقطعی از تاریخ، این فرضیه به کرسی نشانده شد که برخی مردان برتر از سایر مردان هستند، خواه به دلیل ریشه و میراث خانوادگی و یا امتیازات تفویض شده الهی ـ جامعهٔ فئودالی بر این مبنا شکل گرفته بود. بدین ترتیب مردانی در تاریخ توانسته‌اند ملتی دیگر را تحت سلطه خود در آورند. سلطه‌گران سعی می‌کردند، بر مبنای میراث خانوادگی و یا رنگ پوست، توجیهی علمی برای چیره شدن بر دیگران که از بخت بد پوستشان رنگ دیگری داشت ارائه دهند. استعمار و آپارتاید[1] بر این مبنا شکل گرفته بود.

باید توجه بسیار دقیقی به شرایط و موقعیت زنان داشته باشیم، زیرا در غیر اینصورت آگاه‌ترین آنان را به سمتی سوق می‌دهیم که جنگی بر مبنای تقسیم‌بندی جنسیّت بر پاکنند، حال آنکه آنچه بدان نیازمندیم جنگ طبقاتی و احزاب است که باید دوشادوش یکدیگر و بطور همزمان در آن شرکت کنیم. باید صادقانه اذعان داریم که مسئولیت چنین سردرگمی و اغتشاشی بر دوش

---

۱ - آپارتاید: رژیم مبتنی بر نظام تفکیک و تبعیض نژادی [م].

شیوهٔ نگرش مردان قرار دارد. بینش غلط مردان بذری را می‌پاشد که نظرات فمینیستی[1] را بر می‌انگیزد. نظراتی که در پاره‌ای از موارد برای مبارزهٔ مرد و زن علیه ستم مشترکشان بسیار ارزشمند بوده است. ما می‌توانیم در این مبارزهٔ مشترک پیروز شویم و پیروز خواهیم شد. مشروط بر اینکه دریابیم که نیازمند یکدیگر و مکمل هم هستیم، سرنوشت مشترکی داریم و در واقع محکوم به تکیه داشتن بر یکدیگریم.

در این لحظه راهی جز این نداریم که دریابیم رفتار مردسالارانه چیزی جز گنده‌دماغی، بی‌مسئولیتی، فخرفروشی و انواع خشونت‌ها علیه زنان نیست. چنین رفتاری امکان ندارد که به فعالیت هماهنگ و مشترک علیه ستم‌کشیدگی زن بیانجامد. باید صادقانه اذعان کنیم چنین رفتاری، که می‌تواند تا حد رفتار صرفاً احمقانه نزول شأن کند، چیزی جز سوپاپ اطمینان برای مردان ستم کشیده نیست. اینگونه مردان از طریق ضرب و شتم همسرشان امیدوارند بخشی از عزت نفسی راکه نظام استثمارگر از آنان ربوده است بدست آورند. این رفتار مردسالارانه همان است که برتری‌طلبی جنسی و نرّه‌مردی[2] نامیده می‌شود. اینچنین رفتاری ریشه در انواع ضعف و عجز اخلاقی و فکری دارد ـ حتی در برخی موارد ضعف فیزیکی مرد هم در پشت آن مستتر است ـ و در بسیاری از مواقع برای زنان آگاه و سیاسی راه دیگری باقی نمی‌گذارد جز اینکه در دو جبهه به مبارزه برخیزند.

زنان برای مبارزه و کسب پیروزی لازم است با اقشار و طبقات ستمدیده از جمله کارگران، کشاورزان و سایر محرومان همصدا شوند. اما مردان، برغم اینکه تا چه حد تحت ستم باشند، خود بر انسان دیگری ستم می‌کنند:

1- Feminism
2- machismo

همسرشان. به زبان آوردن چنین مطالبی، بدون شک اذعان بر واقعیت ناگواری است. برای مثال زمانی که دربارهٔ آپارتاید سخن می‌گوئیم افکار و احساساتمان متوجه سیاهان استثمارشده و ستمدیده می‌شود. اما، زن سیاهپوستی که باید شوهرش را تحمل کند فراموش می‌کنیم؛ شوهری که مجوز عبورش را زیر بغل زده و در راه بازگشت به خانه به خود اجازه می‌دهد به اقسام بیراهه‌های سرزنش‌آمیز برود، در حالیکه همسرش با شایستگی تمام در منزل منتظر است و فقر و تهیدستی نیز از سر و رویش می‌بارد. همچنین باید زنان سفیدپوست آفریقای جنوبی را نیز از یاد نبریم. گرچه او زندگی اشرافی و پر زرق و برقی دارد، اما، متأسفانه در دست مرد سفید پوست فاسق گرفتار شده است و چیزی نیست مگر آلتی برای شهوترانی. مردان سفید پوست برای فرار از ناراحتی ناشی از فجایعی که بر سر سیاهان می‌آورند راهی ندارند جز مستانه عربده کشیدن، هرزگی و رفتار شهوانی حیوان صفتانه.

همچنین مثال‌های زیادی داریم از مردانی که از بسیاری جهات مترقی هستند اما سرمستانه سرگرم فسق و فجورند و این در حالی است که در صورت کوچکترین سوءظن به عصمت همسر خود، آماده‌اند او را به قتل برسانند. چه تعداد از مردان در کشور بورکینا فاسو در پی احساس آرامش به آغوش انواع فاحشه‌ها و معشوقه‌ها پناه می‌برند. بگذریم از رفتار غیرمسئولانهٔ مردانی که دستمزد خود را صرف معشوقه‌ها و یا پر کردن صندوق پول صاحبان کافه‌ها می‌کنند.

دربارهٔ آندسته از مردان حقیر چه بگوییم که گرچه افکاری مترقی دارند، اما، خلوتی می‌جویند تا دربارهٔ زنانی که مورد سوء استفاده قرار داده‌اند صحبت کنند؟ اینان می‌اندیشند که بدین ترتیب می‌توانند خود را در حد شأن و مقام سایر مردان برسانند و حتی برخی از آنان را، از طریق ایجاد رابطه با

همسرانشان، تحقیر کنند. حقیقت این است که اینگونه مردان پست و رقت‌انگیزند و نباید آنان را به شمارش آورد. ما نباید حتی در این بحث به آن‌ها اشاره‌ای می‌کردیم و تنها دلیل این کارمان انتقاد از رفتار جنایت‌بار آنان است که اعتقادات اخلاقی و فضیلت زنانی را که همراهی‌شان با انقلاب می‌تواند بسیار ارزشمند باشد جریحه‌دار می‌کند.

بعد نوبت کسانی می‌رسد که کم و بیش مبارز انقلابی هستند ـ البته صفت «کم» برای آنان بسنده‌تر است تا «بیش» ـ اما، اجازه نمی‌دهند که زنانشان در فعالیت‌های سیاسی شرکت کنند و یا اینکه فقط در طول روز اجازهٔ فعالیت به آنان می‌دهند و زنانشان را بخاطر شرکت در جلسه یا تظاهرات در شب، به باد کتک می‌گیرند.

وای از این مردهای مظنون و حسود! چه کوته فکری اسفناکی! چه تعهد محدود و اندکی! آیا زنان مصمم تنها شب هنگام می‌توانند به همسرانشان خیانت کنند؟ این چگونه تعهدی به جنبش است که از زنان توقع دارد در شب هرگونه فعالیت سیاسی را کنار بگذارند، اما، در وقت استراحت روزانه همهٔ مسئولیت‌های خود را پیش ببرند؟ بالاخره اینکه چگونه توجیه کنیم کلمات و واژه‌هایی را که انواع و اقسام فعالین سیاسی بزبان می‌آورند؛ نظیر اینکه زنان «حقیرانه شیفته زر و زیورند»، «سعی می‌کنند مردان را تحت نفوذ خود درآورند»، «دلقک مآبند»، «دروغ گویند»، «غیبت می‌کنند»، «توطئه می‌چینند» و جز آن؟ شاید تمام این اتهام‌ها در مورد زنان مصداق پیدا کند. اما، شکی نیست که به همان میزان در مورد مردان نیز صادق است.

آیا جامعهٔ ما، که پیوسته جلو رشد زنان را می‌گیرد، آن‌ها را از انجام کارهای جدی و ثمربخش باز می‌دارد و جلوی هرگونه فعالیت آنان را سد می‌کند، بجز فعالیت‌های بسیار بی‌ارزش و پیش پا افتاده، می‌تواند فساد را از

وجود خودش بزداید؟

هنگامی که انسانی محکوم باشد، آنگونه که زنان هستند، که در انتظار ارباب و آقای خود در خانه بنشیند تا برایش سفره پهن کند و برای صحبت کردن یا زنده بودن از او اجازه بگیرد، چه چیزی به غیر از نگاه‌های معنی‌دار، غیبت، وراجی، نگاه حسدآلود به دیگران و بدگویی دربارهٔ زندگی خصوصی و سر و سّرهای آنان برایش باقی می‌ماند که خود را با آن سرگرم کند. اگر مردان نیز در همان وضعیت قرار داده شوند همان خلق و خوی را پیدا خواهند کرد.

متأسفانه موضوع دیگری که به زنان نسبت می‌دهیم فراموشکاری آنان است. حتی گاهی آنان را ناقص‌العقل می‌خوانیم. اما، هرگز نباید فراموش کنیم تمامی زندگی زنان تحت سلطهٔ همسری بوقلمون صفت، بی‌وفا و غیرمسئول قرار دارد که دائم وی را زجر می‌دهد و علاوه بر آن مسئولیت بزرگ کردن بچه‌ها نیز برعهدهٔ زنان است. چگونه ممکن است زنی که در خدمت تمام خانواده قرار دارد و خسته و کوفته است، چشمانی فرو رفته که بیانگر آشفتگی و فراموشکاری است نداشته باشد. برای چنین زنی، فراموشکاری پادزهری در مقابل عذاب کشیدن و گریزی از سختی حیات و چاره‌ای برای دفاع از خود است.

اما، برخی از مردان نیز فراموشکارند - بسیاری از آنان. برخی از طریق مصرف افراطی مشروبات الکلی یا مواد مخدر مشکلات را به فراموشی می‌سپارند؛ عده‌ای دیگر از طریق فسادی که سراسر زندگیشان را فراگرفته است. آیا هرگز کسی از فراموشکاری اینگونه مردان شکایتی داشته است؟ چه غرور خودبینانه‌ای! چقدر مبتذل! ابتذالی که مردان با عیاشی برپا می‌کنند تا ضعف‌های دنیای مردسالارانه را بپوشاند. دنیای مردسالارانهٔ کنونی، بر

جامعه‌ای استثمارگر تکیه زده و نیازمند زنان فاحشه است. باید گفت که جنس مؤنث و فاحشه‌ها هر دو سپربلایی بیش نیستند. ما آنان را بی‌عفت می‌کنیم و وقتی کارمان با آنان خاتمه یافت در پای محراب رفاه و در نظامی مملو از دروغ و چپاول قربانیشان می‌کنیم.

فحشاء چیزی نیست مگر الگوی مینیاتوری جامعه‌ای که قانون کلی آن برپایه استثمار بنا گذاشته شده است. فحشاء، سمبل تحقیر زن به دست مرد است. اما، این زن تحقیر شده کسی غیر از وجود دردناک مادر، خواهر یا همسر مردان دیگر، یعنی هر یک از ما، نیست. در تحلیل نهایی، ما مردان بدین ترتیب خودمان را تحقیر می‌کنیم. فاحشه‌ها فقط تا زمانی وجود خواهند داشت که دلالان محبت و جویندگان فحشاء وجود داشته باشند.

اما، چه کسانی در پی استفاده از فاحشه هستند؟ دسته اول مردانی هستند که زنان خود را به حفظ عفت و پاکدامنی مجبور می‌سازند، در حالیکه فساد و عیاشی خود را بر سر فاحشه‌ها تخلیه می‌کنند. این کار به آن‌ها کمک می‌کند تا نسبت به همسران خود ظاهر محترمانه‌ای را حفظ کنند، در حالیکه ماهیت واقعی خود را در آغوش زنانی بروز می‌دهند که اصطلاحاً زنان کامده خوانده می‌شوند. بنابراین، از نظر معیارهای اخلاقی، فحشاء همزاد ازدواج است. آداب و سنن، مذهب و اغلب مکتب‌های اخلاقی ظاهراً مشکلی از نظر وفق دادن خود با این پدیده ندارند. پدر روحانی نیز در کلیسا با بیان این کلمات به تشریح همین قضیه می‌پردازد: «فاضلاب، شرط لازم برای پاکیزه نگهداشتن هر قصر است».

بعد می‌رسیم به آن دسته از مردان توبه‌ناپذیر و افراط کاری که از پذیرش مسئولیت خانه، با پستی و بلندی‌هایش هراس دارند و از مسئولیت اخلاقی و مالی پدر شدن گریزانند. بنابراین، در خفا به خانه‌های محبت سری می‌زنند تا

هم از معدن طلای روابط آنجا کامی بگیرند و هم مسئولیتی گریبانگیرشان نشود.

دستهٔ بزرگ دیگری از مردان هستند که در ملاء عام و یا حداقل در حضور کسانی که «قابل اعتماد» هستند، برخورد تحقیرآمیزی با زنان می‌کنند، زیرا شخصیتشان آنقدر ضعیف است که نمی‌توانند کینه‌ورزی خود را در زندگی خصوصی خود حل و فصل کنند و از آن پس اعتماد خود به همهٔ زنان را از دست می‌دهند و همه را «ابزار شیاطین» می‌نامند. یا اینکه مزورانه و به کرات از زنان به عنوان موجوداتی حقیر یاد می‌کنند و سعی دارند تا از این طریق تحسین افکار عمومی را ـ که با تظاهر و ریاکاری بدست آورده‌اند ـ برانگیزند. اینگونه مردان شب‌های متوالی سر از خانه‌های محبت در می‌آورند تا جایی که دست بر قضا دو رویی‌شان برملا می‌شود.

دستهٔ دیگر، مردان ضعیفی هستند که در پی ایجاد رابطه‌ای از نوع چند شویه[1] هستند. مقصود این نیست که دربارهٔ موضوع چند شویگی، که در برخی از جوامع شکل غالب روابط مرد و زن بود، اظهارنظر کنیم. آنچه می‌خواهیم در اینجا محکوم کنیم، خلوت مردان ژیگولویی است که در پی بدست آوردن پول هستند و زنان ثروتمند از آنان شاهانه نگهداری می‌کنند.

در نظام مورد بحث، فحشاء از دیدگاه اقتصادی هم فاحشه‌ها را شامل می‌شود و هم زنانی که از روی «عشق به پول» تن به ازدواج داده‌اند. تنها تفاوت موجود میان زنی که از طریق فاحشگی خودفروشی می‌کند، با زنی که در مقابل پول تن به ازدواج می‌دهد، قیمت و مدت قرارداد است. بنابراین، با پذیرش فحشاء به عنوان یک پدیدهٔ اجتماعی ما زنانمان را به دو دسته تقسیم

1-Polyandrous

می‌کنیم: فاحشه و همسر. تنها تفاوت میان آن‌ها این است که همسر قانونی، گرچه تحت ستم قرار دارد، اما حداقل از مُهر تأیید و احترام جامعه بهره‌مند است. اما در مورد فاحشه‌ها، آنچه باقی می‌ماند ارزش مبادلهٔ بدن اوست، که متناسب با شیفتگی نرّه‌مردان و حجم کیف پولشان، تغییر می‌کند.

آیا فاحشه کالایی نیست که ارزشش متناسب با نفوذ کرشمه‌هایش است؟ آیا قانون عرضه و تقاضا در مورد وی صدق نمی‌کند؟ بنگرید به این فاجعهٔ عظیم و دردناک بردگی کلی زنان!

باید هر فاحشه را به مثابه انگشت سبابه‌ای بدانیم که به کل جامعه اشاره رفته و آن را محکوم کرده است. هر دلال محبتی و هر شریک فحشایی چاقوی خود را در این شکاف عمیق عفونت‌دار فرو کرده و می‌پیچاند. زخمی که جهان مردان را از شکل و قواره می‌اندازد و به اضمحلالش می‌انجامد. از طریق مبارزه با فحشاء و از راه دراز کردن دست حمایتی به فاحشه‌ها، ما عملاً مادران، خواهران و همسران خود را از این جذام اجتماعی نجات می‌دهیم. ما خودمان را نجات می‌دهیم. ما جهان را نجات می‌دهیم.

وضعیت واقعی زنان در بورکینا فاسو

در جامعه‌ای که تولد پسر «هدیه‌ای الهی» تلقی می‌شود، تولد دختر را حکم دست سرنوشت به حساب می‌آورند و یا در بهترین حالت آن را موجودی می‌شمارند که می‌تواند در تولید غذا کمک کند و نسل بشر را تداوم بخشد.

به پسربچه‌ها خواستن و گرفتن، دستور دادن و به کار کشیدن، هوس کردن، به دست آوردن و تصمیم یکطرفه گرفتن را آموزش می‌دهند. حال آنکه کل جامعه، یکپارچه و به مثابه یک مرد - «مثابه یک مرد» واژگانِ دقیق و گویای مطلب است - قوانینی را در گوش دختربچه‌ها فریاد می‌زند که هرگز راه

بجایی نمی‌برد و یکی پس از دیگری به او ضربه می‌زند و جامۀ «عفت و پاکدامنی» را آنچنان سخت دورش می‌پیچد و خفتش را می‌گیرد که روح از خود بیگانگی را در درونش می‌دمد. از همان دوران طفولیت او را متمایل به جستجوی قیم بار می‌آورند و یا فکر ازدواج را در او می‌پرورانند. چه فریب شگفت‌انگیزی! چنین کودکی هرگز طعم دوران بچگی را نمی‌چشد. از سن سه سالگی باید نقش خود را در زندگی دقیقاً بشناسد: خدمتگزار و ثمربخش.

درحالیکه برادر چهار یا پنج ساله‌اش آنقدر بازی می‌کند که از فرط خستگی به زمین می‌افتد، دخترک با مراسم مختصری، تعلیم می‌بیند که وارد چرخۀ تولید شود. قبلاً شغلی برایش دست و پا کرده‌اند: کمک خانه‌دار. شغلی بدون دستمزد؛ زیرا، همانگونه که همیشه گفته می‌شود، زن خانه‌دار که «کاری نمی‌کند». آیا نوشتن واژۀ «خانه‌دار» در کارت شناسایی یک زن بدین مفهوم نیست که «بیکار است» و «درآمدی ندارد»؟ با کمک سنت‌های دیرینه و تحمیل صبر و بردباری، به خواهرانمان یاد می‌دهیم که هر روز بیشتر وابسته شوند، بیشتر تحت سلطه درآیند، بیشتر استثمار شوند و اوقات فراغت و تفریح کمتری داشته باشند.

در حالی که برای رشد پسرهای جوان راه را هموار می‌کنند و کمک می‌کنند تا بر زندگی خود مسلط شود، جامۀ محدودیت‌های اجتماعی را تنگ‌تر به تن دختران می‌پوشانند و خفتشان را می‌گیرند. چون مؤنث متولد شده است باید بهای گزافی بپردازد. در تمام طول عمرش، تا زمانی که به دلیل ضعف جسمانی و خود ستیزی روانی به آرامش ابدی بپیوندد، باید تاوان زن بودنش را پس بدهد. او به ابزاری برای تولید در کنار مادرش ـ که بیشتر حکم مدیرۀ او را پیدا می‌کند تا مادرش ـ تبدیل می‌شود. او هرگز بیکار نمی‌نشیند، و هرگز به او اجازه نمی‌دهند که همانند برادرش به تفریح و بازی بپردازد.

به هر سوی این سرزمین که بنگریم - از فلات مرکزی در شمال شرقی، جایی که قدرت کاملاً متمرکزی بر جامعه حاکم است، تا سمت غرب که قدرت غیرمتمرکز در دست انجمن‌های محلی روستاهاست و یا در سمت جنوب غربی که بصورت تعاونی‌های زمین‌های زراعی اداره می‌شود - شکل سنتی سازمان اجتماعی دارای یک وجه مشترک است: انقیاد زنان. در تمام ۸۰۰۰ دهکدهٔ موجود، در ۶۰۰،۰۰۰ مزرعه، و در بیش از یک میلیون خانه مسکونی، می‌توانیم شاهد شباهت یکسان در نحوهٔ نگرش به زنان باشیم.

زندگی اجتماعی در اقصی نقاط کشور مطابق نظرات مردان انسجام یافته و در دو چیز مشترک است: انقیاد زنان و فرمانبری جوانان. جامعهٔ ما هنوز از نوع کشاورزی بدوی، پدرسالارانه، و مبتنی بر تعدد زوجات است که زنان را به نیروی کار استثمار شونده و ابزار تولید مثل تبدیل می‌کند.

چگونه زنان می‌توانند با این شخصیت دوگانهٔ خود کنار بیایند که هم حیات مشترک تمامی اعضای خانواده با حضور و توجهٔ آنان پیوند بخورد و هم در حاشیه قرار داشته باشند و نادیده گرفته شوند؟ بدون شک حیات زنان پوشیده از دوگانگی است و او فقط با ریاضت و صبر می‌تواند محرومیت‌های اجتماعی را تحمل کند. برای اینکه بتواند زندگی خود را با جامعهٔ مردان هماهنگ سازد، و دستورات آنان را اطاعت کند، باید خود را در سطح نازلتری از موقعیت اجتماعی قرار دهد و همواره در پشت صحنه زندگی قرار گیرد. او خود را قربانی این وضع می‌کند.

ای زن، تو منبع زندگی، اما کالایی بیش نیستی؛ تو مادر، اما خدمتکاری بیش نیستی، تو مربی انسان، اما شبه انسانی بیش نیستی؛ تو قادر به حکمرانی بر خانه و مملکت، اما شَبَهی بیش نیستی؛ تو مظهر بی‌نام و نشانیی، و صدایت خفه است. تو نقطهٔ اتکاء و بانی وحدت، اما گرفتاری در زنجیر و سایه‌ای از مردی

که خود سایه‌ای از مرد، بیش نیست.

زن ستون رفاه و آسایش خانواده، قابله، رختشوی، نظافتچی و آشپز است. او پادو، مدیره، کشاورز، پرستار، باغبان، لَلِه، فروشنده و کارگر است. او نیروی کاری است با ابزارهای قدیمی و هزاران هزار ساعت صرف کارهایی می‌کند که هیچ امیدی به ارتقای سطح تولید آن نیست.

هر روز خواهران ما در چهار جبهه علیه بیماری، گرسنگی، فقر و انحطاط می‌جنگند و فشار تغییرات جدیدی را احساس می‌کنند که خارج از کنترل آن‌هاست. به ازای هر یک نفر از ۸۰۰،۰۰۰ مردی که از بورکینا فاسو مهاجرت می‌کنند، بار جدیدی بر دوش زنان اضافه می‌شود. بنابراین، متناسب با دو میلیون مرد بورکینایی که در خارج از کشور زندگی می‌کنند نسبت جنسیت جمعیت تعادل خود را بیش از پیش از دست می‌دهد. در حال حاضر ۵۱/۷ درصد کل جمعیت و ۵۲/۱ درصد نیروی بالقوه فعال جمعیت را زنان تشکیل می‌دهند.

بار مسئولیتی که زنان بر دوش می‌کشند آنقدر عظیم است که فرصت توجه به فرزندان و خود را از دست می‌دهند و وجودشان تحلیل می‌رود - وجودی که چرخ زیرین آسیا، چرخ سرنوشت، چرخ متحرک، چرخ یدک و چرخ بزرگ است. خواهران و همسران ما که رفتارهای قلدرمآبانه آنان را در زیر چرخ زندگی خرد کرده است بهای آفرینش و حفظ زندگی را می‌پردازند. از نظر اجتماعی به رتبه سوم - پس از مرد و بچه - هل داده شده‌اند؛ درست مثل جهان سوم که به شکل تصنعی عقب نگه داشته می‌شود تا با سهولت بیشتری به زیر سلطه کشیده شده و استثمار شود. زن، که همواره تحت انقیاد به سر می‌برد، از پیش قیّمِ محافظش، که استثمارگر او نیز هست، به جایی فرستاده می‌شود که به زیر سلطه کشیده شده و بیش از پیش استثمار می‌شود. زن، اولین

فرد آغازگر کار و آخرین نفر در هنگام استراحت است. اولین فردی است که آب می‌آورد، با هیزم آتش می‌افروزد و آخرین فردی است که عطش خود را فرو می‌نشاند. اگر غذایی باقیمانده باشد، رفع گرسنگی می‌کند ـ البته پس از شوهرش. او ستون اصلی خانواده است، هم مشکلات خانواده را بر دوش می‌کشد و هم مشکلات جامعه را، مشکلات را هم بر دوش می‌کشد هم بر دست و هم در شکم. در عوض، دستمزدی که نصیبش می‌شود، ظلم، سرکوفت‌های طرفداران کنترل جمعیت، تابوهایی که تغذیه را بر وی حرام می‌کند، کار طاقت‌فرسا و سوء تغذیه است. آنچه جامعه به او پاداش می‌دهد، حاملگی‌های خطرناک، خودستیزی، و سایر خباثت‌های بی‌شماری است که مرگ مادران را به یکی از نابخشودنی‌ترین، ناگفتنی‌ترین و شرم‌آورترین نقیصه‌های اجتماعی تبدیل می‌کند.

صیادان متجاوز، از سرزمین‌های دور، به این اجتماع ازخودبیگانه هجوم می‌آورند و انزوای زنان را تشدید و موقعیتشان را حتی متزلزل‌تر می‌کنند. سرخوشی حاصل از تشکیل زندگی مستقل نیز با سرعت رنگ می‌بازد. کنار گذاشته شده از مراسم بله برون، غایب از کلیهٔ مراحل اخذ تصمیم، ضربه‌پذیر، فاقد هرگونه اختیار، او قربانی مستمر خانواده و جامعه است. سرمایه و دیوانسالاری حاکم بر جامعه برای به زیر سلطه کشیدنش متحد شده‌اند. باقیماندهٔ ستم روا شده به زن، سهم امپریالیست‌هاست.

میزان تحصیلات زنان، نصف مردان است. حدوداً ۹۹ درصد زنان بی‌سواد هستند، آموزش حرفه‌ای ندیده‌اند، در بازار کار علیه‌شان تبعیض روا می‌شود، مشاغل دست دوم به ایشان اختصاص می‌یابد و در صف اول ایذا شدگان و اخراجی‌ها هستند. با اینکه آداب و سنن، صدها مانع در راهش برافراشته‌اند و هزاران بهانه علیه‌اش می‌تراشند، و هرگز چشم‌انداز روشنی در

مقابل خود نمی‌بیند، با این حال زنان بارها و بارها در مقابل مشکلات قیام کرده‌اند. آنان به خاطر بچه‌هایشان، خانواده‌شان و جامعه‌شان باید این راه را به هر قیمتی که باشد ادامه دهند.

سرمایه‌داری به پنبه، دانه‌های روغن‌نباتی، کنجد و غیره نیاز دارد تا چرخ صنایع خود را بچرخاند. زنان، یعنی مادران ما، علاوه بر تمام وظایفی که بر وششان بود، ناگهان دریافتند که باید عهده‌دار این مسئولیت جدید نیز باشند.

در شهرها، جایی که قرار است تمدن راهگشای آزادی زنان باشد، آنان را برای تزئین تالارهای مجالس سرمایه‌داران بکار می‌گیرند، برای ادامه حیات خودفروشی می‌کنند، و یا برای تبلیغ کالاها به عنوان طعمهٔ تجاری استفاده می‌شوند. بدون شک، زنان طبقهٔ متوسط شهرها مرفه‌تر از زنان روستایی زندگی می‌کنند. ولی آیا آن‌ها واقعاً آزادتر و آزادی‌خواه‌ترند و بیشتر مورد احترام هستند؟ آیا واقعاً به آن‌ها مسئولیت بیشتری واگذار می‌شود؟ ما باید در این راستا کاری فراتر از پرس و جو انجام دهیم. باید در این باره موضع بگیریم.

در حال حاضر بخش عمده‌ای از مسائل و مشکلات زنان به قوت خود باقی هستند، چه در قلمرو مشاغل حرفه‌ای، یا دسترسی به امکانات آموزشی، یا در چارچوب قوانین حقوقی و حتی در مسایل عادی زندگی روزمره. زنان بورکینایی هنوز بجای اینکه در کنار مردان قدم بردارند دنباله‌رو آنانند.

رژیم‌های نواستعماری حاکم بر بورکینا فاسو در رابطه با آزادی زنان برخوردی بهتر از سرمایه‌داران نداشتند و فقط توهمی از آزادی و عزت را برایشان به ارمغان آوردند. جز این هم نمی‌توانست باشد؛ زیرا تنها معدودی از زنان اقشار متوسط در شهرها بودند که فمینیسم را به عنوان مد روز دنبال می‌کردند ـ البته فمینیسم عقب افتاده ـ و فقط خواستار داشتن ظاهری مردانه

بودند. بنابراین، ایجاد وزارت زنان، که وزیر آن یک زن بود، به عنوان یک پیروزی در بوق و کرنا دمیده شد. آیا واقعاً موقعیت زنان را درک می‌کردیم؟ آیا این درک وجود داشت که موضوع بحث به شرایط زندگی ۵۲ درصد جمعیت بورکینا فاسو مربوط است؟ آیا متوجه بودیم که این شرایط ثمرهٔ اوضاع کلی اجتماعی، سیاسی و زیربنای اقتصادی و مفاهیم بانفوذ متحجر هستند و نمی‌توان برای تغییر آن‌ها تنها به یک وزارتخانه اکتفا کرد، حتی اگر یک زن در رأس آن قرار گرفته باشد؟ جواب این سؤالات بسیار روشن است. زنان بورکینایی به خوبی می‌توانند دریابند که این وزارتخانه در طی چند سال گذشته نتوانسته است هیچگونه تغییر و تحولی در زندگی اجتماعی آنان ایجاد کند.

غیر از این نمی‌توانست باشد، زیرا در روند ایجاد این شبه وزارتخانه بگونه‌ای با موضوع آزادی زنان برخورد شد که به‌هیچوجه هدفِ یافتنِ علل واقعی استثمار و انقیاد زنان را دنبال نمی‌کرد. بنابراین، جای تعجب ندارد که به رغم ایجاد وزارتخانهٔ زنان، خودفروشی بیشتر شد، دستیابی به آموزش و اشتغال حاصل نشد، حقوق مدنی و سیاسی زنان نادیده گرفته شد، و شرایط زندگی زنان در شهر و روستا ذره‌ای بهبود نیافت. جنس مؤنث ناچیز شمرده شد، سیاستمدار مؤنث جدی گرفته نشد، نگاه وسوسه‌انگیز به جنس مؤنث ادامه یافت، رأی‌دهندهٔ مؤنث مطیع انگاشته شد، روبوت[1] بودن جنس مؤنث در آشپزخانه ادامه یافت؛ به‌رغم فکر آزادش، بی‌توجهی و ایجاد سد در مقابل راهش او را به بن‌بست کشید و در مجموع هر جا که زنی در چارچوبی از درد و رنج قرار داشت، رنج او در شهر و روستا ادامه یافت.

---

۱ - آدمک ماشینی

اما، زنان یکشبه در مرکز حرکتی قرار گرفتند که رشد خانوادگی و همبستگی ملی را به همراه داشت. چهارم اوت ۱۹۸۳ آزادی را به ارمغان آورد و همهٔ ما به عنوان ملتی واحد با اهداف مشترک را فراخواند تا دوشادوش یکدیگر برای آزادی و مساوات رژه برویم. انقلاب اوت در زمانی اتفاق افتاد که زنان بورکینایی در انقیاد و استثمار جامعهٔ نواستعماری بسر می‌بردند. جامعه‌ای که عمیقاً در عقاید نیروهای اجتماعی متحجر غرق شده بود. انقلاب، در مسیر مبارزه برای آزادی زنان، خود را موظف به بریدن از این عقاید سیاسی ارتجاعی می‌داند؛ عقایدی که تا آن زمان در ابعاد وسیعی ستایش و اعمال می‌شد. انقلاب خود را موظف می‌داند تمامی توان خود را در جهت رفع موانع و ایجاد عدالت، تدوین و اجرای برنامه‌ای انقلابی برای آزادی زنان بکار برد.

آزادی زنان و انقلاب بورکینا فاسو

در دوم اکتبر ۱۹۸۳، شورای ملی انقلاب، ضمن ارزیابی اوضاع سیاسی، محور اصلی مبارزه برای آزادی زنان را به طور واضح و روشن بیان کرد و متعهد شد برای بسیج، سازماندهی و اتحاد تمامی نیروهای ملی، بـخصوص زنان، تلاش نماید.

در سخنرانی ایراد شده دربارهٔ جهت‌گیری سیاسی، مشخصاً در خصوص زنان چنین بیان شد: «در تمامی نبردهایی که علیه قید و بندهای باقیمانده از جامعهٔ نواستعماری و به منظور ساختن جامعه جدید انجام خواهد گرفت، زنان به عنوان جزیی لاینفک شرکت خواهند کرد. آن‌ها، کلاً، در تمام سطوح سازماندهی حیات ملی، از مراحل اخذ تصمیمات تا اجرای آن‌ها مشارکت خواهند داشت. هدف نهایی این حرکت عظیم، ساختن جامعه‌ای آزاد و آباد است که زنان با مردان در تمامی حوزه‌های اجتماعی برابر باشند.»

راه و روش روشن‌تری برای اندیشیدن و توضیح مسألهٔ زنان و مـبارزهٔ رهایی‌بخشی که پیش‌روی ما است نمی‌توان تصور کرد: «آزادی واقعی زنان هنگامی حاصل می‌شود که به آنان مسئولیت سپرده شـود و در فـعالیت‌های تولیدی شرکت جویند و به مبارزات مختلفی که مردم در پیش دارند بپیوندند. آزادی اصیل زنان به گونه‌ای خواهد بـود کـه احـترام و سـتایش مـردان را برمی‌انگیزد.»

خواهران همرزم، مفهوم آنچه ذکر شد این است که مبارزه برای آزادی زنان بخشی از مبارزه برای عمیق‌تر کردن انقلاب دموکراتیک و ملی ما است؛ انقلابی که از این به بعد به شما حق بیان و حق داشتن جامعه‌ای نوین، همراه با عدالت و مساوات اجتماعی برای همه، را اعطاء می‌کند؛ انقلابی که زنان و مردان در پیشبرد آن حقوق و مسئولیت‌های یکسانی خواهند داشت. انقلاب دموکراتیک و ملی شرایط را برای چنین مبارزهٔ آزادی‌بخشی فـراهـم آورده است. اکنون باید فرصت را غنیمت شمارید و با بیشترین احساس مسئولیت، در رفع همهٔ قیود و موانعی که زنان را در جوامع عقب‌مانده‌ای مانند جامعهٔ ما به بردگی می‌کشد قدم بردارید، و سهم خود را در مبارزهٔ سیاسی برای ساختن جامعه‌ای نوین، که در خدمت آفریقا و کل جامعهٔ بشریت خواهد بود، اداکنید.

در همان اولین ساعات انقلاب دموکراتیک ملی مطرح کردیم که: «حقوق زنان، همانند کسب آزادی، دادنی نیست بلکه گرفتنی است. بنابراین، خود زنان هستند که باید خواسته‌هایشان را مطرح کنند و برای تحقق آن‌ها بسیج شوند.» انقلاب نه تنها شرایط عینی مبارزه برای آزادی زنان را فراهم آورده، بلکه راه پیگیری و بکار بستن روش‌های مبارزه را نشان داده، و نیروهای اصلی این نبرد را مشخص کرده است. اکنون چهار سال است که برای نزدیک‌تر شدن به هدف نهایی‌مان، زن و مرد، دوشادوش یکدیگر تلاش می‌کنیم. هم باید نبردها و

زنان رزمندهٔ بورکینایی رژه می‌روند، اوت ۱۹۸۵ (عکس از هفته نامهٔ میلیتانت)

تصویری از یک زن بافنده، در بومبوره، بورکینا فاسو (آفریکا ریپورت)

زنان در منطقهٔ کائونا، بورکینافاسو، در حال آماده سازی زمین و جلوگیری از فرسودگی خاک. (عکس از سازمان ملل)

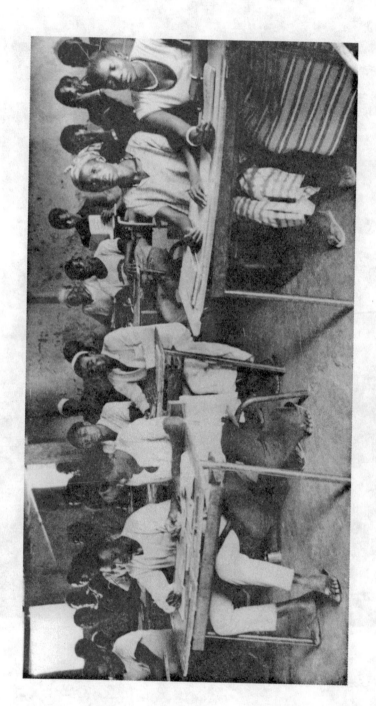

یکی از کلاسهایی که در طی بسیج ملی برای سوادآموزی برپا شده بود. (آفریکا ریپورت)

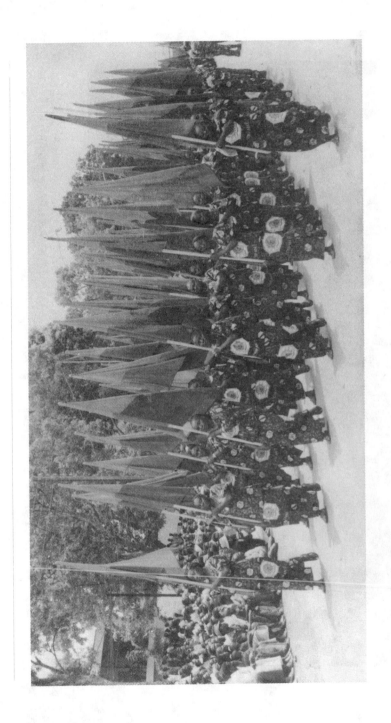

مراسم بزرگداشت دومین سالروز انقلاب بورکینافاسو در ۴ اوت ۱۹۸۵ (عکس از هفته‌نامهٔ میلیتانت)

رژهٔ زنان بورکینا فاسو در چهارم اوت ۱۹۸۵ به مناسبت دومین سالگرد پیروزی انقلاب آن کشور. (عکس از هفته نامهٔ میلیتانت)

پیروزی‌های خود را برشماریم و هم پس‌روی‌ها و موانع را بخاطر داشته باشیم. بدین ترتیب برای نبردهای آینده آمادگی بیشتری خواهیم داشت.

اما می‌رسیم به این نکته که انقلاب دموکراتیک و ملی ما چه وظایفی نسبت به آزادی زنان برعهده دارد. چه دستاوردهایی داشته‌ایم و چه موانعی هنوز بر سر راه ما قرار دارد؟ بدون شک، یکی از دستاوردهای اصلی انقلاب در زمینه آزادی زنان، تأسیس اتحادیه زنان بورکینا فاسو[1] بوده است. این یکی از دستاوردهای اساسی است، زیرا برای شما زنان کشور ما چارچوب و مکانیسم قابل اطمینانی را فراهم آورده است تا مبارزه را تا کسب پیروزی هدایت کنید. تأسیس اتحادیه زنان بورکینا فاسو پیروزی بزرگی است زیرا شرایط لازم را فراهم می‌آورد تا کلیه زنان فعال سیاسی، تحت رهبری شورای ملی انقلاب، حول محور اهدافِ برحقی بسیج شوند و مبارزه کنند.

اتحادیه زنان بورکینا، سازمان آندسته از زنان مبارز و جدی‌ایست که تصمیم گرفته‌اند اوضاع را تغییر دهند؛ بجنگند تا پیروز شوند، زمین بخورند ولی مجدداً بپاخیزند و بدون عقب‌نشینی جلو بروند. این آگاهی جدیدی است که در میان زنان بورکینایی ریشه دوانده و همه باید به آن افتخار کنیم. همرزمان عزیز، اتحادیه زنان بورکینا سلاح توفندهٔ شماست. کراراً تیغهٔ آنرا تیز کنید. آنقدر تیز کنید که شکاف‌های عمیق‌تر ایجاد کند و پیروزی‌های بیشتری برایتان به ارمغان آورد.

ابتکارات دولت در سه چهار سال گذشته در زمینهٔ آزادی زنان مطمئناً کافی نیست. اما، ما را در مسیر درستی قرار داده است، تا حدی که کشور ما می‌تواند مدعی طلایه‌داری مبارزه برای آزادی زنان باشد. زنان بورکینایی

1- Women's Union of Burkina (UFB)

روز به روز در تصمیم‌گیری‌ها و اِعمال واقعی قدرت مردمی مشارکت بیشتری پیدا می‌کنند. آنان هر جا که کشور در حال نوسازی است حضور دارند. آنان را در هر کارگاهی می‌توانید ببینید: در طرح آبیاری درهٔ سورو[1]، در پروژه‌های احیای جنگل‌ها، در گروه‌های واکسیناسیون، در عملیات پاک‌سازی شهرها، در نبرد احداث راه‌آهن، و جز آن.

زنان بورکینا قدم به قدم، در همه جا جایگاهی بدست آورده و خود را به اثبات رسانده‌اند و بتدریج در مسیر ریشه‌کن ساختن تمام برتری‌طلبی و نگرش‌های متحجر مردان گام برداشته‌اند. و این فرایند تا جایی ادامه خواهد یافت که زنان در بافت اجتماعی و حرفه‌ای بورکینا حضور کامل پیدا کنند. بیش از سه سال و نیم است که انقلاب به شکل منسجم و منظمی در پی ریشه کن ساختن پدیده‌هایی است که باعث خفت و خواری زنان می‌شود: خودفروشی و تبعات جنبی آن از قبیل ولگردی، روابط دختران قبل از سن قانونی، ازدواج‌های اجباری، ختنهٔ اِناث، و بخصوص بهبود شرایط سخت زندگی اینگونه افراد.

با تلاش در جهت حل مشکل آب؛ ساختن آسیاب‌های بادی در روستاها؛ تأمین وسایل اجاق گاز مدرن بطور گسترده؛ ساختن شیرخوارگاه‌های عمومی؛ اجرای روزانهٔ طرح واکسیناسیون، و تشویق به رعایت اصول بهداشت و تغییر عادات تغذیه؛ بدون شک، انقلاب به بهبود کیفیت زندگی زنان کمک فراوانی کرده است. زنان نیز به سهم خود، باید در مشارکت در مبارزه علیه امپریالیسم تلاش و همت بیشتری از خود نشان دهند - باید در تولید و مصرف کالاهای بورکینایی راسخ باشند، به عنوان تولید کننده و مصرف کنندهٔ کالاهای محلی

1- Sourou

بکوشند و همیشه عامل شاخصی در اقتصاد کشور ما باشند.

گرچه انقلاب ماه اوت تاکنون قدم‌های بسیاری برای آزادی زنان برداشته، اما هنوز راه درازی در پیش است. هنوز کارهای زیادی باقی مانده است. برای ادامهٔ کارهای قبلی، و حتی انجام بهتر آن‌ها، باید مشکلات را بهتر بشناسیم تا بر آن‌ها غلبه کنیم. مشکلات کم نیستند. بیسوادی و فقدان آگاهی سیاسی در رأس همهٔ آن‌ها قرار دارد. هر دو این مشکلات با اِعمال نفوذ بیش از حد نیروهای ارتجاعی در جوامع عقب‌مانده‌ای نظیر جامعهٔ ما تشدید می‌شود. باید با پشتکار فراوان بر این دو مانع غلبه کنیم. تا زمانی که زنان درک صحیحی از ماهیت مبارزهٔ سیاسیی که در پیش روی ما است ندارند و نحوهٔ پیشبرد این مبارزه برای آنان روشن نیست، به تدریج بجای گام برداشتن به جلو به دور خودمان می‌چرخیم و در نهایت عقب نشینی می‌کنیم.

به این علت است که اتحادیه زنان بورکینا باید با تمام وجود مسئولیت‌پذیر باشد. اعضای این اتحادیه باید برای غلبه بر ضعف‌های خود تلاش کنند و از اعمال و رفتاری که آداب و سنن واپسگرای ما بر جنس مؤنث تحمیل کرده است دوری جویند - رفتاری که متأسفانه هنوز هم غالباً شاهد آن هستیم. منظور من همهٔ رفتارهای سبک و کوته‌فکرانه است؛ نظیر: حسادت، خودنمایی، حرفهای توخالی، منفی‌بافی، انتقادهای بی‌اساس، اشاعهٔ تهمت‌های ناروا، ذهنیت‌گرایی و حساسیت غیرضروری و چشم و هم‌چشمی. زنان انقلابی باید از این‌گونه رفتارها، که خصوصاً در میان زنان اقشار متوسط رواج بیشتری دارد، پرهیز کنند. زیرا، مبارزه برای آزادی زنان حرکتی دسته جمعی است، حال آنکه، این‌گونه مسایل تلاش برای سازماندهی همهٔ زنان را به خطر می‌اندازد. بنابراین، همکاری و مشارکت کلیه زنان، متضمن آزادی آنان است.

باید همگی هوشیار باشیم که زنان به مشاغل تولیدی دسترسی پیدا کنند. زیرا، از این طریق است که استقلال اقتصادی بدست می‌آورند، در کارهای اجتماعی بیشتر شرکت می‌کنند و اوضاع جهانی را دقیق‌تر و کامل‌تر می‌فهمند.

منظور ما از افزایش قدرت اقتصادی زنان هیچ وجه مشترکی ندارد با تجمل گرایی برخی از زنانی که شبیه سفته بازان بازار بورس رفتار می‌کنند و یا به اندازهٔ یک گاو صندوق به خود اشیاء گرانقیمت آویزان می‌کنند. اینگونه زنان با دیدن اوراق بهادار بانکی و یا شنیدن صدای جرینگ جرینگ سکه، نه تنها اصول اعتقادی خود را زیر پا می‌گذارند، بلکه عنان اختیار را از دست می‌دهند. متأسفانه بعضی از آن‌ها شوهرشان را شدیداً زیر بار قرض می‌برند، و حتی به دزدی و رشوه‌خواری وامی‌دارند. آنان مانند کَنِه به شوهرشان می‌چسبند و اشتیاق انقلابی او را خفه می‌کنند. ما شاهد نمونه‌های تأسف‌باری هستیم که مردان بخاطر همسری خودخواه، حسود، و بدجنس، شوق انقلابی و احساس تعهد نسبت به اجتماع را از دست می‌دهند و تسلیم می‌شوند.

اگر تحصیل علم و کسب آزادی اقتصادی زنان درست درک نشود و در مسیر سازنده‌ای هدایت نگردد، می‌تواند به منبع بدبختی برای زن و در نتیجه کل جامعه بدل شود. زن تحصیل‌کرده و برخوردار از استقلال اقتصادی ممکن است در اوقات خوشی، بعنوان همسر و معشوقه، خواهان بیابد، اما، همینکه ورق برگشت کنار گذاشته می‌شود. جامعه دربارهٔ آن‌ها بیرحمانه قضاوت می‌کند. گفته می‌شود که زنان تحصیل کرده «به سختی شوهر پیدا می‌کنند». زنی که استقلال مالی دارد مورد سوءظن است. اغلب آنان محکومند که مجرد بمانند - البته این موضوع تا زمانی که باعث محرومیت آنان از حقوق اجتماعی و قانونی نشود اشکالی ندارد - چنین زنی قربانی گناهی می‌شود که حتی روحش از آن بی‌خبر است. هر روز او را بیشتر به سمتی هل می‌دهند که

سرکش و دیوانه شود و لذا بیش از پیش رنج می‌برد. تحصیلات عالی برای عده‌ای از زنان مایهٔ اندوه، و بخت و اقبال فراوان مایه بدبختی و فلاکت شده است.

راه حل چنین ضد و نقیض آشکاری، که همان مصیبت ناشی از تحصیلات عالی و ثروت است، بکارگیریِ علم و ثروت در راه خدمت به خلق است. بدین ترتیب آنان دل‌های مردم را شاد می‌کنند و تحسین عموم را برمی‌انگیزند. چگونه ممکن است اینگونه زنان در چنین شرایطی احساس تنهایی کنند؟ چگونه ممکن است هنگامی که عشق و علاقه به خودشان را به عشق به دیگران تبدیل کرده‌اند، احساس رضایت نکنند؟

زنان جامعهٔ ما نباید در مقابل جنبه‌های مختلف مبارزه عقب‌نشینی کنند. مبارزه‌ای که به آنان جسارت آن را بخشیده است که بطور تحسین برانگیزی از عمرِشان بهره‌مند شوند و لذت زندگی را بچشند. آنان نباید از صحنهٔ مبارزه عقب نشینی کنند و تنها به این بسنده کنند که به زن دست‌آموز و خانگی مردان تبدیل شوند. امروزه هنوز هم بسیاری از زنان، پناه بردن به زیر چتر پوشش یک مرد را بهترین شیوهٔ گریز از ستم دیگران می‌دانند. آنان به ازدواج با مردی تن در می‌دهند که دوستش ندارند و در کنارش لذتی احساس نمی‌کنند؛ مردی که از مبارزات مردم خود را کنار کشیده و به موجودی افسرده و خشن تبدیل شده است.

اغلب اوقات، زنان در آنِ واحد هم خواهان استقلالند، هم خواهان حمایت، و حتی بدتر از این‌ها، مایلند تحت قیمومت استعمارگرانهٔ یک مرد درآیند. آنان باور ندارند که روش‌های دیگری نیز برای زندگی وجود دارد. ما باید دوباره به خواهرانمان بگوییم که اگر ازدواج برای جامعه ثمره‌ای مثبت و برای آنان حیات لذت‌بخشی به ارمغان نمی‌آورد، در اینصورت، امری

ضروری و واجب نیست و حتی باید از آن صرفنظر کرد.

بگذارید نمونه‌هایی از پیشگامان دلیر و متهوری از زنان مجرد بچه‌دار یا بی‌بچه‌ای را یادآور شویم که زندگی درخشان و باطراوتی دارند و در مقایسه با دیگران نیز از نظر اجتماعی پرمایه‌تر و هم شاداب‌ترند. زنانی که محیط زندگیشان آکنده از صفا و گرمای آزادگی است؛ سرشار از عزت‌نفس و متمایل به کمک به دیگران، و بنابراین زنانی که متأهل ولی سرشار از غم و حسرت‌اند به آنان رشک می‌برند.

زنان کفایت و توانایی خود را در پرورش کودکان و ادارهٔ خانه، بدون قیمومیّت ستمگرانهٔ مرد به اثبات رسانده و نشان داده‌اند که مسئولیت‌پذیرند. مطمئناً ما بقدر کافی پیشرفت کرده‌ایم که بتوانیم به این وضع اسف‌بار زنان مجرد خاتمه دهیم. همرزمان انقلابی، ما باید به ازدواج به صورت یک انتخاب مثبت بنگریم، نه به عنوان قماری که قیمت بلیط آن تعیین شده باشد ولی هیچ اطلاعی از برد و باخت آن نداشته باشیم. احساسات نوع بشر بسیار شریف‌تر و پاک‌تر از شرکت در چنین قماری است.

منبع دیگری که مسأله را بغرنج‌تر می‌کند، نظام فکری فئودالی، ارتجاعی، و واپسگرای عده‌ای از مردان است که با ادامهٔ رفتارهای غلط خود سبب بقای عقب‌ماندگی می‌شوند. آنان مطلقاً علاقه‌ای ندارند که تسلط کامل خود بر زنان را، چه در خانه و چه در کل جامعه، از دست بدهند. در مبارزهٔ انقلابی برای ساختن جامعه‌ای نو، اینگونه مردان با عملکرد خود در کنار نیروهای ارتجاعی و ضدانقلابی صف می‌کشند. انقلاب نمی‌تواند بدون آزادی واقعی زنان پیروز شود.

بنابراین، همرزمان، باید از تمام این مشکلات آگاهی کامل داشته باشیم تا در آینده بتوانیم با آن‌ها مبارزه کنیم. زنان نیز مانند مردان دارای نقاط ضعف و

قوّت هستند ـ که این خود بدون شک ثابت می‌کند آنان با مردان برابـرند.
تأکید بیش از حد بر نقاط قوت زنان بدین معنی است که از آنان توقعات ذهنی
گرایانه‌ای داریم. هدف ما صرفاً عیان ساختن نقاط قوت و توانایی‌هایی است
که مردان و جامعه همواره پنهان کرده‌اند تا توجیهی برای انقیاد و استثمار زنان
داشته باشند.

چگونه خود را متشکل سازیم تا با شتاب بیشتری در جهت آزادی زنان گام بر داریم؟

گرچه منابع قابل دسترس ما به طور غیر قابل تصوری ناچیز است؛ امـا،
اهدافمان بسیار بلندنظرانه است. برای پیروزی، صرفاً کافی نیست که اراده‌مان
قوی و ایمانمان محکم باشد. بلکه، باید نیروهایمان را گرد هم آوریم، متشکل
سازیم و در مسیری هدایت کنیم که به پیروزیمان بیانجامد.

آزادی زنان، بیش از دو دهه موضوع بحث مردم کشورمان بوده است. این
بحث عواطف ما را برانگیخته است. اکنون باید کلیت این مسأله را در نظر
بگیریم. نباید در بسیج همهٔ نیروهای قابل دسترس برای مبارزه ذره‌ای قصور
ورزیم، از زیر بار مسئولیت شانه خالی کنیم و مسألهٔ حیاتی آزادی زنان را به
حاشیه افکنیم. بهمین ترتیب، باید از عجولانه به جلو دویدن حذر کنیم تا آنان
که باید در صف اول بایستند، به خصوص زنان، از قافله عقب نمانند.

از دیدگاه حکومتی، برنامهٔ اجرایی پیگیری تحت نظر گردانندگان شورای
ملی انقلاب به تصویب رسیده است که برای زنان بسیار سودمند واقع خواهد
شد؛ بخش‌های گوناگون وزارتخانه‌ها را در بر خواهد گرفت و برای هر یک از
آنها مسئولیت‌های کوتاه مدت و دراز مدت تعیین خواهد کرد. چنین برنامهٔ
اجرایی، باید فاقد هرگونه نظرگاهی باشد که به موضوع آزادی زنان از دیدگاه

امور خیریه می‌نگرد و قصد ترحم به آنان را دارد. بلکه، باید راهنمایی برای گسترش فعالیت‌های انقلابی باشد. زیرا در گرماگرم مبارزه است که پیروزی‌های سرنوشت‌ساز بدست می‌آیند. این برنامهٔ اجرایی را باید خودمان بپرورانیم و برای خودمان. بحث‌هایمان دربارهٔ موضوعات مختلف، باید به نتایج جسارت‌آمیزی ختم شودکه اعتماد به نفس زنان را تقویت بخشد. آنچه مردان و زنان مشترکاً برای زنان در نظر دارند چیست؟ این موضوعی است که در برنامهٔ اجراییمان بدان خواهیم پرداخت. این برنامه با تکیه بر فعال‌تر کردن کلیه ادارات و وزارتخانه‌ها، قاطعانه بر نظرگاهی که مسألهٔ تساوی حقوق زنان را حاشیه‌ای می‌انگارد خط بطلان خواهد کشید؛ نظرگاهی که بار مسئولیت را از شانهٔ کسانی برمی‌دارد که می‌توانند و باید هر روز با اعمالشان کمک بزرگی به حل این مشکل کنند.

اینکه از چندین زاویه به مسألهٔ آزادی زنان می‌نگریم، ریشه در تحلیل علمی ما از سرمنشأ و سرچشمهٔ ستم کشیدگی آنان دارد و همچنین بیانگر آن است که، این مبارزه نقش مهمی در ساختن جامعه‌ای فارغ از هرگونه ستم و استثمار دارد. قصد ما این نیست که التماس کنیم تا به زنان ترحم شود. بلکه به نام انقلاب ـ که هدفش تقدیم کردن است و نه گرفتن ـ تعیین تکلیف می‌کنیم که عدالت در مورد زنان به اجرا درآید.

از این لحظه به بعد، کلیه وزارتخانه‌ها و کمیته‌های اجرایی‌شان، علاوه بر ارزیابی کلی که از آنان می‌شود، از این دیدگاه نیز ارزیابی می‌شوند که به چه میزانی این برنامه را اجرا کرده‌اند. بنابراین، تحلیل‌های آماری ما الزاماً به ارزیابی این نکته خواهد پرداخت که در ارتباط با مسایل زنان، مستقیماً چه قدم‌هایی برداشته شده است.

موضوع تساوی حقوق زنان باید در صدر افکار کسانی قرار گیرد که

برنامه‌های توسعه‌ای را تدوین و اجرا می‌کنند و مسئولین تصمیم‌گیرنده باید در همه حال آن را مدنظر قرار دهند. چنانچه پروژه‌ای را به منظور توسعه طراحی کنیم، اما زنان را در پیشبرد آن دخالت ندهیم، همانند آن است که بجای ده انگشت خود فقط با چهار انگشت کار کنیم. این کار یعنی ارسال دعوتنامه برای شکست خوردن.

در وزارتخانه‌هایی که مسئول امور آموزشی و پرورشی هستند، در خصوص دسترسی زنان به امکانات تحصیلی، باید به مراتب حساس‌تر باشیم. به عنوان یک حقیقت بارز می‌توان گفت که هرجا زنان به امکانات تحصیلی دسترسی بیشتری داشته‌اند، با قدم‌های شتابان‌تری به سوی تساوی گام برداشته‌اند. خروج از تاریکی جهالت، به زنان اجازه می‌دهد تا از ثمرات و ادوات علمی بهره برگیرند و بهتر بتوانند به جامعه خدمت کنند. تمامی دیدگاه‌های غیرعقلانی و عقب‌افتاده‌ای که فقط تحصیل مردان را سودآور و بااهمیت می‌دانند و معتقدند که تعلیم و تربیت زنان حکم ولخرجی را دارد، باید در بورکینافاسو ریشه کن شود.

والدین باید برای پیشرفت دختران خود در مدارس همانقدر اهمیت قایل شوند که برای پسران خود - مایه افتخار و شادمانیشان - قایل هستند. دخترها ثابت کرده‌اند که اگر در مدارس از پسرها بهتر نباشند، حداقل برابرند. در هر صورت، دخترها حق دارند که تحصیل کنند، آموزش ببینند و آگاهی پیداکنند تا آزاد شوند. در بسیج‌های همگانی آتی، درصد زنان شرکت‌کننده در برنامه‌های سوادآموزی باید تا جایی ارتقاء یابد که برابر با نسبت جمعیت زنان به کل جمعیت باشد. بسیار غیرعادلانه خواهد بود، اگر بخواهیم که بخش مهمی از جمعیت - در واقع نیمی از جمعیت - در جهالت بسر برند.

وزارتخانه‌های کار و دادگستری باید همواره قوانین را همگام با تغییراتی

که پس از چهارم اوت ۱۹۸۳ در جامعهٔ ما رخ می‌دهد تطبیق دهند، به نحوی که تساوی حقوق زن و مرد به یک واقعیت ملموس تبدیل شود. قانون کار جدید که هم اکنون راجع به آن بحث می‌شود و در حال تدوین است، باید عمق اشتیاق مردم ما به عدالت اجتماعی را منعکس کند. این قانون کار باید نشاندهندهٔ مرحلهٔ مهمی از کار انهدام ساختار دولتی نواستعماری باشد. ساختاری که رژیم‌های مرتجع به گونه‌ای آن را شکل داده‌اند تا تداوم‌بخش ستم روا شده علیه مردم، به خصوص زنان، باشد.

چگونه می‌توانیم بپذیریم که زنان در مشاغلِ مشابه با مردان، دستمزد کم‌تری دریافت کنند؟ آیا صحیح است که مهریه دادن و گرفتن را ادامه دهیم و زنان بیوه را واداریم با برادر شوهرشان ازدواج کنند؛ کاری که خواهران و مادران ما را به کالاهای عمومی و قابل خرید و فروش تبدیل می‌کند؟ هنوز هم بسیاری از قوانین قرون وسطایی بر مردم ما، خصوصاً زنان، تحمیل می‌شود و حق این است که بالاخره عدالت حاکم شود.

در وزارتخانه‌هایی که مسئولیت پیشبرد امور فرهنگی و روابط خانوادگی را برعهده دارند، در آینده تأکید خاصی خواهد شد تا تفکر جدیدی در زمینهٔ روابط اجتماعی رشد کند؛ این کار با همکاری نزدیک سازمان زنان بورکینافاسو انجام خواهد شد. در چهارچوب این انقلاب، مادران و همسران ما نقش مهمی در تحولِ انقلابی جامعه برعهده دارند. تعلیم و تربیت کودکان، ادارهٔ بودجه و تنظیم و مخارج خانواده، تدوین برنامهٔ خانوادگی، پرورش روحیهٔ زندگی خانوادگی و حب وطن - همگی صفات مهمی هستند و باید به شکل مؤثری در تولد اخلاق انقلابی و شیوهٔ زندگی ضدامپریالیستی، که برای خلق جامعهٔ نوین بسیار مهم است، نقش داشته باشند.

زنان باید مراقب باشند در منزلشان کیفیت زندگانی دائماً بهبود یابد.

زندگی بهتر، یعنی به عنوان یک بورکینایی خوب تغذیه شویم و لباس‌های ساخت داخل بپوشیم. یعنی، محیط خانه را تمیز و خوشایند نگهداریم؛ زیرا نظافت اثر مهمی در ایجاد روابط مناسب در خانواده دارد. زندگی در محیطی کثیف، روابط ناشایستی را ایجاد می‌کند. اگر حرفم را باور ندارید، نظری بر زندگی خوک‌ها بیافکنید.

چنانچه زنان در مخمصهٔ همزیستی با مردان سنت‌گرا گیر کنند، تحول فکری ما تکامل نخواهد یافت. آیا مکانی جز خانه می‌شناسید که عقده‌های برتری‌طلبی مردان تا این حد اثرات مهلک و در عین حال تعیین کننده برجای بگذارد؟ یعنی، همان مکانی که مادر، به عنوان شریک جرم پدر، به نورسیده‌های خود قوانین نابرابر و نشأت گرفته از نظام تبعیض جنسی را تدریس می‌کند. چنین زنانی، از بدو تعلیم و تربیت و از ابتدای شکل‌گیری شخصیت اطفال، حیات عقده‌های جنسی آنان را تداوم می‌بخشند.

برعکس، چه نتیجه‌ای از فعالیتمان حاصل خواهد شد، اگر در طی روز کمک کنیم تا مردِ همرزمی به فعالیت‌های سیاسی روی آورد، اما شب هنگام با زنی ارتجاعی و طرفدار حفظ شرایط موجود و سکون مواجه شود.

حال بپردازیم به مبحث خانه‌داری که تمام انرژی‌تان را تحلیل می‌برد، بی‌رحمانه به شما صدمه می‌زند و به موجودی ماشینی تبدیل می‌کند که نه توان فکر کردن دارید و نه وقت آن را. به همین دلایل نیازمند عملی قاطع از جانب مردان و اجرای برنامه‌های توسعهٔ خدمات اجتماعی نظیر شیرخوارگاه، مهدکودک و غذاخوری‌های عمومی هستیم که به صورت مؤسسات زنجیره‌ای در همه جا در خدمت مردم باشد. بدین ترتیب زنان فرصت می‌یابند تا با سهولت بیشتری در مباحث و فعالیت‌های انقلابی شرکت جویند.[۱] از این پس، جامعه باید همهٔ کودکان را تحت حمایت خود قرار دهد، خواه کودک ناموفقی

که نشانهٔ شکست مادر تلقی می‌شود و خواه کودک موفقی که نشان افتخار پدر. به‌علاوه، از این پس، کلیهٔ وظایف خانه باید هم برعهده مردان باشد و هم زنان.

طرحی که به منظور بهبود وضعیت زنان اجرا می‌شود باید به مثابه ابزاری انقلابی باشد که هدفش بسیج عمومی کلیهٔ نهادهای سیاسی و اداری برای کسب آزادی زنان است. همرزمان، تکرار می‌کنم که هر طرحی، برای منطبق شدن با نیازهای واقعی زنان، باید ابتدا در کلیهٔ نهادهای اتحادیهٔ زنان بورکینا بطور دموکراتیک به بحث گذاشته شود.

اتحادیه زنان بورکینا سازمانی انقلابی و مدرسه‌ای برای آموزش دموکراسی فراگیر است، سازمانی که برمبنای اصول انتقاد و انتقاد از خود و مرکزیت دموکراتیک اداره می‌شود. این سازمان باید حسابش را از سازمان‌هایی که به پخش موهومات دامن می‌زنند و با واقعیت عینی موجود بیگانه‌اند، جدا کند. تنها راه تحقق چنین تفکیکی، آنهم به شکل ماندنی و همیشگی، مبارزهٔ مصمم و قاطع همرزمان اتحادیه زنان بورکینا علیه نقاط ضعفی است که متأسفانه بر برخی محافل زنان، مستولی شده است. مقصود ما این نیست که زنان را به منظور نمایش قدرت بسیج کنیم و یا به پای صندوق‌های رأی بکشانیم و یا با اهدافی نظیر لفاظی پوچ و اهداف درجه دوم و سرزنش‌آمیز دیگر دست‌آویز قرار دهیم. منظور ما گرد هم آمدن زنان مبارز برای کسب پیروزی‌های گوناگون است.

مبارزهٔ ما باید سازمان یافته و منظم باشد و بر محور برنامه‌ای اجرایی که کمیته‌های مختلفی آن را به طریق دموکراتیک تصویب کرده‌اند شکل بگیرد و خودگردانی سازمانی را، در چارچوب ساختار انقلابی، مدنظر قرار دهد. هر یک از رهبران اتحادیه زنان بورکینا باید در نهادی که فعالیت می‌کند کاملاً جذب مسئولیت‌هایش شود تا بتواند در هنگام عمل مؤثر واقع شود. اتحادیه زنان بورکینا باید تعلیمات سیاسی و ایدئولوژیکی وسیعی را در میان رهبران آغاز کند

تا، در سطوح مختلف، باعث تقویت این سازمان شود.

همرزمان، اعضای اتحادیه زنان بورکینا! اتحادیه شما، اتحادیه ما، باید با تمام وجودش در مبارزهٔ طبقاتی در کنار مردم قرار گیرد. میلیون‌ها مردمی که آگاهی‌شان خفته بود، اکنون با ظهور و پیشروی انقلاب بیدار شده‌اند و نیرویی بس قدرتمند را تشکیل می‌دهند. در چهارم اوت ۱۹۸۳، ما، بورکینایی‌ها، تصمیم گرفتیم که به منابع خودمان تکیه کنیم که عمدتاً به معنی تکیه زدن به منبع عظیم وجود شما زنان بورکینایی است. برای ثمره بخشیدن، باید انرژی‌تان را همچون ید واحده متمرکز کنید و در راه مبارزه برای ریشه کن ساختن سلطهٔ اقتصادی امپریالیسم و همهٔ استثمارگران، از هر نژادی که باشند، بکار گیرید. اتحادیه زنان بورکینا، به عنوان ابزار بسیج زنان، باید تلاش خود را بکار گیرد تا آگاهی سیاسی پیشرفته‌ای در میان صفوف اعضای خود ایجاد کند تا بتواند با تمام وجود در تمامی فعالیت‌هایی که دولت برای بهبود وضعیت زنان آغاز می‌کند شرکت جوید.

همرزمان، فقط با تغییر انقلابی جامعه می‌توان شرایط لازم برای آزادی شما زنان را فراهم کرد. شما هم از جانب امپریالیسم تحت سلطه هستید و هم از جانب مردان. در وجود هر مردی، روح اربابی فئودال و روح برتری‌طلبی جنسی نفوذ کرده است که باید ریشه کن شود. به همین دلیل، باید برای سرعت بخشیدن به آزادی واقعی خود، شعارهای پیشرفتهٔ انقلابی را با آغوشی باز بپذیرید. به همین خاطر، شورای ملی انقلاب مشارکت شما در پروژه‌های توسعهٔ ملی را مشتاقانه خیرمقدم می‌گوید و شما را تشویق می‌کند تا، بیش از پیش، از انقلاب اوت که قبل از هر چیز انقلاب خودتان است حمایت کنید.

با شرکت گسترده در این پروژه‌ها، شایستگی خودتان را بیش از پیش نشان می‌دهید. بخاطر داشته باشیم که در هنگام تقسیم کار، جامعه همواره سعی کرده

است تا پیش‌پا افتاده‌ترین وظایف را به شما محول کند. اکنون در می‌یابیم که ضعف جسمانی ظاهری شما چیزی نیست مگر نتیجهٔ معیارهای تعیین شده برای شکل و شمایل افراد و مُدهای روز که جامعه بخاطر مؤنث بودنتان به شما تحمیل کرده است.

همچنان که پیش می‌رویم، انقلاب باید تمامی افکار و عقاید عقب ماندهٔ دوران فئودالیسم را به کناری نهد. افکاری که زنان مجرد را از داشتن حقوق سیاسی و اجتماعی محروم می‌کند، بدون اینکه درک شود که چنین رفتاری به معنی اختصاصی کردن زنان است تا به مایملک مردی تبدیل شوند. به همین دلیل به مادران جوانِ مجرد به دیدهٔ تحقیر نگریسته می‌شود. گویی که آن‌ها به تنهایی مسئول وضعیت خود هستند، در حالی که همیشه پای مرد گناهکاری نیز در میان است. برمبنای همین افکارِ متحجر است که به زنان نازا ستم می‌شود. حال آنکه، نازایی دلایل علمی دارد و باکاربرد علم نیز قابل تصحیح است.

بعلاوه، جامعه آنگونه معیارهایی از زیبایی را به زنان تحمیل کرده است که اغلبِ مجبورند برای دستیابی بدان‌ها به جسم خود صدمه بزنند؛ مانند: ختنه کردن، خال‌کوبی، سوهان زدن دندان‌ها، سوراخ کردن لب و بینی برای آویزان کردن جواهرات و جز آن. نتیجهٔ کاربرد چنین معیارهایی، خلق ضدارزش است. ختنه کردن زنان می‌تواند باعث نازایی‌شان شود، ضمن اینکه اثرات سویی بر احساس آن‌ها باقی می‌گذارد. گرچه سایر لطمات وارده بر اعضای بدن زنان نظیر سوراخ کردن لالهٔ گوش و خال‌کوبی، خطر کم‌تری در بر دارد، ولی همگی بیانی از تلاش زنان برای شوهر یافتن است که جامعه بر آنان تحمیل می‌کند. شما خواهران، تلاش زیادی برای شوهریابی می‌کنید. گوش‌هایتان را سوراخ می‌کنید و صدمات دیگری به جسم خود می‌زنید تا مورد پسند مردان واقع شوید. شما به خودتان صدمه می‌زنید تا برای صدمات

بیشتری از جانب مردان آمادگی پیدا کنید.

ای زنان، ای همرزمان من، روی سخن من با شماست؛ شمایی که در شهر و روستا مشغول گذران زندگی آزاردهنده‌ای هستید. در روستاها، کمرتان زیر بار بدترین نوع استثمار «مجاز» و «موجه» خم می‌شود. گرچه قرار است در شهر زندگی توأم با شادی را بگذرانید، اما در عمق وجودتان، تحت تأثیر باری که هر روز فزون‌تر می‌شود، زندگی ناراحت کننده‌ای را می‌گذرانید.

هر بامداد، زن، در کنار کمد البسهٔ خود، همچو دوک ریسندگی دور خود می‌چرخد و می‌چرخد تا لباس مناسبی برای خود انتخاب کند - البته نه به منظور محافظت خود در مقابل گرما یا سرما، بلکه از برای جلب رضایت مردان. او قرار است - یا بهتر است بگوییم متعهد است - که هر روز مردان را خوشنود سازد. آنگاه که زمان استراحت فرامی‌رسد، غبار غم بر چهره شما زنان می‌نشیند، گویا حق استراحت به شما تعلق نمی‌گیرد. شما مجبورید رژیم غذایی خاصی را دنبال کنید و ریاضت بکشید تا هیکل‌تان مورد پسند مردان واقع شود. هر شب قبل از خواب خود را با انواع محصولاتی که از آن متنفرید - قطعاً می‌دانید که متنفرید - آرایش می‌کنید تا شاید چروکی را که خیلی هم محسوس نیست بپوشانید. چروکی که همیشه علامت شومی از پا به سن گذاشتن زودرس است، سنی که کم‌کم خود را نشان می‌دهد و پیدایش نوعی فربهی که هنوز کامل نشده است. و همین شما - خود را هر شب متعهد می‌بینید تا دو ساعت تشریفاتی را بجا آورید که بهترین صفات شما را به نمایش بگذارد، فقط برای اینکه شوهر بی‌توجهتان پاداش ناشایستی کف دستتان بگذارد. و صبح روز بعد، با طلوع آفتاب، روز از نو، روزی از نو.

همرزمان، برمبنای سخنان دیروز مدیر بسیج و سازماندهی زنان و بر طبق آیین‌نامهٔ کمیته‌های دفاع از انقلاب، هیأت اجراییه این سازمان موفق شد موضوع

ایجاد کمیته‌ها، کمیته‌های جنبی و شاخه‌های سازمان زنان بورکینا را تصویب کند. قرار است دفتر سیاسی، که مسئول سازماندهی و برنامه ریزی است، با تشکیل دبیرخانهٔ سراسری سازمان، ساختار هرمی شکل سازمان زنان بورکینا را تکامل بخشد.

نیاز ما آن نیست که نهاد دیگری ایجاد کنیم که زنان به گونه‌ای هدایتش کنند که نقش کنترل بوروکراتیک زندگانی زنـان را بـرعهده داشـته بـاشد و یـا کارکنانش وقت خود را صرف بحث‌های پیش‌پا افتاده دربارهٔ زندگی زنـان کنند. بلکه، نیازمند وجود زنان مبارزی هستیم که می‌دانند بدون مبارزه نه نظم قدیم فرو می‌ریزد و نه نظم جدید برپا می‌شود. ما در پی آن نیستیم که شرایط موجود را حفظ کنیم، بلکه قطعاً مایلیم آن را از هم بپاشانیم و با چیز دیگری جایگزین کنیم. امور دبیرخانهٔ سراسری سازمان زنان بورکینا باید به دست زنانی بچرخد که کادره‌های معتقد و مصممی هستند و تا زمانی که این وظایف بزرگ در پیش روی ما قرار دارد، همواره در صحنه حاضر باشند. و مبارزه از خانه آغاز می‌شود. این کادره‌ها باید از این واقعیت آگاه باشند که از دیدگاه توده‌های مردم، الگوی زن آزاده و انقلابی هستند و باید مطابق با چنین الگویی رفتار کنند.

همرزمان، خواهران و برادران، تجربه بیش از پیش نشان می‌دهد که برای ایجاد تغییر در نظم کلاسیک حاکم بر جامعه، فقط مردمی می‌توانند قدرت را به شکل دموکراتیک در دست بگیرند که خود را متشکل کرده باشند. عدالت و تساوی حقوق، اصول بنیادینی هستند که برقراری‌شان به زن‌ها فرصت می‌دهد تا نشان دهند که جوامع چقدر در اشتباهند هنگامی که به زنان اعتماد نمی‌کنند و مانع مشارکتشان در امور سیاسی و اقتصادی می‌شوند. زن، با تکیه بر قدرتی که با پشتیبانی مردم به چنگ آورده است در موقعیتی قرار می‌گیرد تا بتواند از تمام زنانی که در طول تاریخ محکوم شده‌اند اعادهٔ حیثیت کند. هنگامی که

درصدد تغییر بنیادی و کیفی بورکینا هستیم، تحولات ایجاد شده به دست انقلاب، باید خواسته‌های زنان را نیز در بر بگیرد.

همرزمان، آینده می‌طلبد که زن آزاد شود؛ آینده‌ای که همراه خود، انقلاب را به همه جا تعمیم می‌دهد. اگر در مبارزه برای آزاد سازی زنان شکست بخوریم، حق تحقق آرزویمان را از دست می‌دهیم؛ آرزوی تحول جامعه به سطحی والاتر. آنگاه انقلابمان مفهوم خود را از دست خواهد داد. به همین دلایل است که همهٔ ما مردان و زنان به این مبارزهٔ اصیل فرا خوانده شده‌ایم.

بگذارید زنانمان در صف مقدم قرار گیرند. نهایتاً، پیروزی ما عمدتاً در گرو توانمندی آن‌ها، تدبیری که در مبارزه می‌اندیشند و عزمشان برای پیروزی نهفته است. بگذارید تا هر یک از زنان چگونه فتح کردن قلهٔ تکامل را به مردی بیاموزد. برای آنکه زنان از عهدهٔ این وظیفه برآیند، بگذارید تک تک آنان از چشمهٔ بیکران محبت و عشق خود سیراب شوند تا بتوانند هنگام پیشروی تشویقتان کنند و آنگاه که از پا می‌افتیم روح مقاومت و شجاعت را در ما بدمند و انرژیمان را به ما بازگردانند. شما، که ما را به دنیا آوردید، هر یک باید همهٔ ما را به چشم فرزندانتان بنگرید و ضمن اینکه راهنمای یک نفر از ما مردان هستید، مادر همهٔ ما باشید. بگذارید هر یک از زنان وظیفهٔ خود را به عنوان مادر و راهنما انجام دهد، همانگونه که ما را راهنما شدید تا به جایی که هستیم هدایت شویم. بگذارید تا زن بخاطر آورد که تا چه حد تواناست، و اینکه مرکز ثقل زمین است؛ بگذارید همه بخاطر داشته باشند که او در این جهان و برای این جهان زندگی می‌کند؛ بگذارید به یاد آورد که اولین کسی که برای مردی اشک می‌ریزد، یک زن است. همچنین گفته شده است، و شما همرزمان این را بخاطر خواهید سپرد، که هر مردی هنگام مرگ، در آخرین

نفسی که می‌کشد، نام زنی را بر زبان می‌راند - نام مادرش، خواهرش و یا همسرش.

زنان برای کسب پیروزی به حمایت مردان نیازمندند، همانگونه که مردان برای پیروز شدن به پیروزی زنان نیاز دارند. همرزمان، همیشه کنار هر مردی زنی هست. دست این زن که گهوارهٔ فرزند مرد را تکان می‌دهد، تمامی جهان را تکان خواهد داد. مادرانمان به ما زندگی می‌بخشند. همسران ما بچه‌های ما را به دنیا می‌آورند، شیرهٔ جان خود را به آنان تغذیه می‌کنند، بزرگشان می‌کنند و انسان‌های مسئولی از آنان بعمل می‌آوردند. زنان تضمین‌بخش تدوام حیات مردم ما و بانی پیدایش بشریت هستند؛ زنان تضمین‌بخش تداوم امور زندگی ما هستند؛ زنان حامی و پشتوانهٔ غرور مردان هستند.

مادران، خواهران و همسران، افتخار فقط نصیب مردانی می‌شود که زنی شانه به شانه‌شان ایستاده است. تمامی مردان افتخارآفرین و قدرتمند، انرژی خود را از یک زن می‌گیرند. قدرت زن، منبع و منشأ پایان‌ناپذیر مردانگی است. کلید پیروزی، همواره در دست زنان قرار دارد. عزت و افتخار هنگامی به سمت ما سرازیر می‌شود که زنی در کنار ما قرار داشته باشد؛ خواهر یا همسرمان.

همهٔ ما برای رفع نیازهایی نظیر تسلی یافتن، جرأت پیدا کردن و الهام گرفتن و نیز برای حذر از گستاخی بی‌جا و آرامش یافتن یا پرهیز از بی‌باکی‌هایی که غیرمسئولانه است، به زنان روی می‌آوریم. همیشه در کنار یک زن است که دوباره مرد می‌شویم و هر مردی برای زنان به مثابه یک بچه است.

مردی که به زنان عشق نمی‌ورزد، به آنان احترام نمی‌گذارد و به وجودشان افتخار نمی‌کند، مادر خود را حقیر شمرده است. بنابراین، مردی که زنان را

حقیر می‌شمارد، متولد کنندهٔ خود را نابود کرده است. بدین ترتیب او خود را می‌کشد، زیرا معتقد است حقی برای زیستن ندارد چون از رحم بخشنده یک زن متولد شده است. همرزمان، وای به مردی که شما را حقیر بشمارد! وای بر تمامی مردانی که زنان را حقیر می‌شمارند؛ در هر نقطه‌ای از جهان، از هر گروه اجتماعی و اهل هر کشوری که باشند. اینان درک نمی‌کنند و یا فراموش می‌کنند که زنان سمبل چه چیزی هستند، «وقتی زنی را لمس می‌کنید به صخره‌ای دست زده‌اید. سنگ بزرگی را از جا کنده‌اید که در زیرش خورد خواهید شد»[1].

همرزمان، هیچ انقلابی نمی‌تواند بدون اینکه نخست زنان را آزاد سازد، پیروز شود؛ از جمله انقلاب خودمان. مبارزات و انقلاب ما، تا زمانی که فکر کنیم مفهوم ما از انقلاب فقط مردان را در بر می‌گیرد، ناقص خواهد بود. پس از آنکه کارگران به آزادی دست یافتند، آزادی زنان باید تحقق پیدا کند.

همرزمان، هر زنی مادر مردی است. فکر نمی‌کنم که صحیح باشد به عنوان یک مرد یا یک فرزند ذکور، به زنان نشان دهم که راه صحیح را چگونه انتخاب کنند. این کار همانند آن است که کسی راه را به مادرش نشان دهد. اما این را هم خوب می‌دانم که هر مادری از روی لطف و مهربانی به حرف‌های پسرش گوش می‌دهد، هرچند که این حرف‌ها آکنده از خیال‌پردازی و ناشی از غرور جوانی باشد. و این همان چیزی است که به من آرامش لازم را می‌دهد تا بتوانم در حضور شما سخنرانی کنم. همرزمان، به همین دلایل است که برای

۱- این کلمات بخشی از سرودی است که در ۹ اوت ۱۹۵۶ هنگامی که بیست هزار زن در آفریقای جنوبی به رهبری کنگرهٔ ملی آفریقا علیه قوانین آپارتاید راهپیمایی کردند می‌خواندند. روز نهم اوت همه ساله به عنوان روز زن در آفریقای جنوبی جشن گرفته می‌شود.

دست‌یابی به آزادی واقعی، نیازمند شما هستیم. شک ندارم که همواره زمان و قدرت کافی را خواهید یافت تا جامعهٔ ما را نجات دهید.

همرزمان، بدون آزادی زنان، هیچ انقلاب واقعی‌ای وجود خـارجـی نخواهد داشت. هرگز نه چشمانم به روی جامعه‌ای گشوده خواهد شد که نیمی از جمعیت آن در سکوت بسر می‌برند و نه به سوی چنین جامعه‌ای قدم خواهم گذاشت. من فریاد گویای سکوت زنان را می‌شنوم. من غرش طـوفانشان و خشم شورش آنان را حس می‌کنم. من امیدوارم و منتظر خروش بارور انقلابی هستم که قدرتش را به نمایش خواهد گذاشت و عدالت خروشانی را برقرار خواهد ساخت؛ عدالتی نشأت گرفته از وجود ستمدیدهٔ زنان.

همرزمان، پیش به سوی فتح آینده.

آینده انقلابی است.

آینده از آن کسانی است که به میدان مبارزه پا می‌گذارند.

وطن یا مرگ؛ پیروزی از آن ما است.

نقش زنان
در انقلاب‌های دموکراتیک و مردمی

دوم اکتبر ۱۹۸۳

آنچه در این قسمت می‌خوانید، خلاصه‌ای از «نطق جهت
گیری سیاسی» است که سانکارا به نمایندگی از «شورای ملی
انقلاب» ارائه کرد.

سنگینی سنتی که قرن‌ها بر جامعهٔ ما حاکم بوده، شأن زنان را تا حد حیوانات
بارکش تنزل داده است. زنان در جوامع جهان سوم از ضربات شلاق دوگانه‌ای
رنج می‌کشند. نخست اینکه مشقّاتی را که متوجه مردان نیز هست متحمل
می‌شوند، دگر آنکه علاوه بر آن، از دست مردان نیز رنج می‌کشند.

انقلاب ما در جهت منافع تمامی ستمدیدگان است، همهٔ آنان که در جامعهٔ
کنونی استثمار می‌شوند. بنابراین، انقلاب ما در جهت منافع زنان حرکت
می‌کند، چراکه سلطهٔ مردان بر زنان از نظام سیاسی و اقتصادی حاکم بر جامعه
نشأت می‌گیرد. انقلاب از طریق دگرگون کردن نظام حاکم بر جامعه، که بر
زنان ستم روا می‌دارد، شرایط لازم را برای آزادی اصیل زنان فراهم

می‌آورد. همهٔ زنان و مردان جامعهٔ ما قربانی سلطه و ستم امپریالیستی شده‌اند. از این رو مبارزهٔ مشترکی را دنبال می‌کنند. انقلاب و آزادی زنان پا به پای یکدیگر پیش می‌روند. انگیزهٔ سخنان ما دربارهٔ آزادی زنان، ترحم یا قَلَیان احساسات انسانی‌مان نیست. بلکه، این مقوله از پیش‌نیازهای بنیادینِ پیروزی انقلاب است. زنان، نیمهٔ دیگر آسمان را سرپا نگهداشته‌اند.

یکی از اولویت‌های انقلاب، پرورش طرز تفکر زنان ولتا است، به نحوی که بتوانند در راستای تعیین سرنوشت کشور، مسئولیت بپذیرند. همزمان با آن، لازم است که طرز نگرش مردان به زنان نیز تحول پیداکند.

تا این تاریخ زنان از صحنهٔ تصمیم‌گیری کنار گذاشته شده‌اند. انقلاب از طریق تفویض مسئولیت به زنان، ابتکار عمل آنان برای مبارزه را از قید و بند موجود رها می‌سازد. شورای ملی انقلاب به عنوان بخشی از سیاست‌های انقلابی‌اش تلاش خواهد کرد تا تمام نیروهای فعال ملت را تهییج، متحد و سازماندهی کند و زنان در مسیر این حرکت عقب نخواهند ماند. در مبارزات ما علیه موانع مختلف جامعهٔ نواستعماری و در تلاش ما برای برپایی جامعه‌ای نوین، زنان بخش تفکیک‌ناپذیری از مبارزات ما را تشکیل خواهند داد. زنان در تمامی سطوح سازمان حیات کل کشور حضور خواهند داشت؛ از مراحل ارزیابی پروژه‌هاگرفته تا مراحل تصمیم‌گیری و اجرای آن‌ها. هدف غایی این تلاش بزرگ، ساختن جامعه‌ای آزاد و مرفه است که زنان در همهٔ جوانب از حقوق مساوی با مردان برخوردار خواهند بود.

اما، لازم است که درک صحیحی از مسالهٔ آزادی زنان داشته باشیم. مقصود ما این نیست که زنان از نظر فیزیکی با مردان مساوی خواهند شد. منظور این نیست که زنان رفتاری شبیه مردان پیداکنند؛ نظیر نوشیدن مسکرات، کشیدن سیگار و پوشیدن پیرهنک عکس‌دار. اخذ مدارک تحصیلی

نیز نه زنان را با مردان یکسان می‌کند و نه آنان را بیشتر آزاد می‌کند.

اعتلای اصیل زنان بدین معنی است که مسئولیت‌های بیشتری بـه آنـان تفویض شود و برای آنان فرصت لازم ایجاد شود تا در فعالیت‌های سازنده و مبارزات گوناگون مردم مشارکت داشته باشند. اعتلای اصیل زنان، آنگونه است که احترام مردان را برمی‌انگیزد و توجه آنان را بخود جـلب مـی‌کند. اعتلای زنان نیز نظیر کسب و بسط حقوق سیاسی، بـخشیدنی نـیست، بـلکه گرفتنی است. این خودِ زنان هستند که باید خواسته‌های خود را مطرح سازند و برای تحقق آن مردم را بسیج کنند.

بدین منظور، انقلاب مردمی و دموکراتیک شرایطی را ایجاد خواهد کرد تا زنان ولتا خود را به کمال دریابند. از هرچه که بگذریم، آیا می‌توان تصور کرد که محو نظام استثمار، هنگامی که نیمی از جمعیت در اسـتثمار بـسر می‌برند، میسر باشد؟

به قلم همین مترجم منتشر شده است:

● شلیک اولین توپ‌های جنگ جهانی سوم،
علل تهاجم واشنگتن علیه عراق

○ نویسنده: جک بارنز

○ ۲۲۴ صفحه

● گام‌های امپریالیسم به سوی فاشیسم و جنگ

○ نویسنده: جک بارنز

○ ۱۹۶ صفحه

● انسان و سوسیالیسم در کوبا

○ نویسندگان: چه گوارا و فیدل کاسترو

○ ۸۸ صفحه

○ نایاب و در دست چاپ مجدد

This book is the Farsi translation of

Women's Liberation and the African Freedom Struggle

by

Thomas Sankara

ISBN for Original English Version 0-87348-585-8
ISBN for Farsi Version 964-90458-0-5

Translation by:
Shohreh Izadi

Farsi Publisher:
Talaye Porsoo Publications
Tehran P. O. Box 13185-1197

This book is the Farsi translation of:

Womens Liberaion
and the African Freedom
Struggle

by: Thomas Sankara

published by: Pathfinder Press, 1990

ISBN: 0-87348-585-8